불안 속에서 피어난 지성의 향연

르네상스를 빛낸 이탈리아의 지식인들

불안 속에서 피어난 지성의 향연
르네상스를 빛낸 이탈리아의 지식인들

2023년 9월 25일 초판 1쇄 발행

지은이 | 임병철
펴낸곳 | 여문책
펴낸이 | 소은주
등록 | 제406-251002014000042호
주소 | (10911) 경기도 파주시 운정역길 116-3, 101동 401호
전화 | (070) 8808-0750
팩스 | (031) 946-0750
전자우편 | yeomoonchaek@gmail.com
페이스북 | www.facebook.com/yeomoonchaek

ISBN 979-11-87700-51-7 (03920)

여문책은 잘 익은 가을벼처럼 속이 알찬 책을 만듭니다.

이 도서는 한국출판문화산업진흥원의 '2023년 중소출판사
출판콘텐츠 창작 지원 사업'의 일환으로 국민체육진흥기금을
지원받아 제작되었습니다.

불안 속에서 피어난
지성의 향연

르네상스를 빛낸
이탈리아의 지식인들

임병철

여문책

차례

스위스

오스트리아

프랑스

베네치아 공화국

헝가리 왕국

밀라노 공국
밀라노

베네치아

사보이 공국

만토바 후국
만토바

페라라 공국
페라라

오스만 제국

제노바
제노바 공화국

피렌체
피렌체 공화국

베네치아 공화국

코르시카

시에나
시에나 공화국

교황령 국가

아드리아 해

로마

나폴리

나폴리 왕국

티레니아 해

사르디니아

지중해

이오니아 해

오스만 제국

시칠리아 왕국

1500년경 이탈리아

머리말

르네상스를 읽는 것은 재미있으면서도 고통스러운 일이다. 학부와 대학원 시절 묘한 매력에 이끌려 그 세계에 발을 들여놓은 이래 언제나 내가 느끼는 복잡한 감정이다. 굳이 역사를 공부하지 않더라도 어디선가 들어봤음 직한 천재들이 등장해 놀라운 재기를 뽐낸 '멋진' 시대, 그것이 나의 첫인상이었다. 그런 까닭에 르네상스인들을 만나고 그들의 이야기에 귀를 기울이는 경험이 내겐 즐거움이었고, 또 지금까지도 계속 그런 마음이 이어지고 있다. 하지만 그들에 대해 조금이라도 알게 되면 될수록 고민과 불편함도 함께 자라났다. 너무나 다양하고 너무도 모순적인 르네상스인들의 이런저런 일면들이 이곳저곳에서 고개를 들었던 탓이다. 벌써 20년 이상 르네상스를 공부해오고 있지만, 점점 더 르네상스가 무엇인지 단언하기 힘들어지는 것도 그 때문이다. 내게 르네상스는 어디선가 무엇을 읽으면 다른 곳에서는 전혀 다른 이야기가 불쑥 튀어나오는 고통스러울 만큼 '희한한' 세계다. 이 책은 이 멋지고 희한한 세계를 빛낸 지식인들에 관한 이야기다.

나는 지난 2021년 1월의 겨울부터 한창 여름으로 들어가던 이듬해 2022년 7월까지 '임병철의 이탈리아 르네상스인들'이라는 제목 아래 한 일간지에 그들에 관한 이야기를 칼럼의 형식으로 풀어놓았다. 아마도 그 기간 어느 즈음부터 그것들을 모아 책으로 묶어내게 될 것이라는 짐작을 어렴풋이 하고 있었을지도 모른다. 하지만 좀 더 분석적인 학술서를 준비하고 있었기에 어쭙잖은 '학자적' 양심이 계속 내 마음속에 걸림돌이 되었다. 그 칼럼들과 지금 여기에서 풀어놓을 이야기들이 내가 지금 준비하고 있는 책에 상당 부분 반영될 수밖에 없으리라는 점을 잘 알고 있었기 때문이다. 하지만 이른바 전문적인 학문 세계가 아닌 일반 대중을 위한 교양서를 내보라는 주위의 여러 권유로 과감하게 용기를 냈다. 물론 지금 내가 준비하고 있는 책의 생각을 좀 더 쉬운 언어로 검증받을 수 있는 좋은 기회가 되지 않을까 하는 바람도 없었던 것은 아니다. 이 책은 바로 그 결과다.

기본적으로 이 책을 준비하면서 나는 일간지에 실었던 순서와 틀을 그대로 유지하려고 했다. 하지만 여러 사정으로 들쑥날쑥해진 칼럼의 양을 비교적 비슷하게 통일하고, 일간지의 특성상 짧게 축약할 수밖에 없었던 스스로의 아쉬움을 달래기 위해 각 장마다 분량을 조금씩 늘렸다는 점을 미리 밝혀둔다. 아울러 독자들에게 낯설수밖에 없는 다양한 인물들에 대한 이해를 돕기 위해 부록을 첨가했다. 먼저 이 책의 주인공들과 그들에 대해 이야기한 지면에 함께 등장한 몇몇 인물에 관해 간단한 설명을 덧붙였다. 또한 그들의 면면을 역사라는 시간의 변화 속에 자리매김하기 위해 르네상스 관련 연표를 함께 실었다. 르네상스와 서양의 역사에 관심이 많은 독자들에게 조금이라도 도움이 될 수 있다면 내겐 더할 나위 없이 감사한 일이다.

이와 관련해 독자들의 이해를 돕기 위해서라도 이 책에 가장 많이 등장하는 두 용어, 좀 더 정확히 말해 일반적으로 인문주의로 번역되는 '휴머니즘humanism'과 대개는 인문주의자로, 더러 인본주의자로 옮겨지는 '휴머니스트humanist'를 왜 이 책에서는 우리말로 옮기지 않았는지에 대한 해명이 필요하다는 생각이 든다. 물론 두 용어를 그런 식으로 번역하는 것이 꼭 잘못된 것만은 아니다. 하지만 르네상스기의 휴머니즘은 오늘날의 인문주의라는 의미보다는 '고전을 고전 그대로 읽고 고전적 맥락에서 이해하려는 지적 태도'라는 뜻에 더 가까웠다. 그리고 그런 생각을 공유하고 거기에 매진한 당대인들은 스스로를 '웅변가'나 '수사가' 혹은 '문인' 등으로 자리매김하곤 했다.

　이를 고려할 때 본래 르네상스기의 휴머니즘은 라틴어에 기초한 학문이나 문학적 활동을 일컫는 것이었다(물론 점차 그리스어에 대한 관심도 확대되어갔다). 따라서 휴머니즘에 경도된 당대의 지식인들은 오늘날의 인문주의자라기보다 오히려 라틴 고전주의자에 더 가깝다. 르네상스기에 수없이 등장한 라틴어와 속어의 관계에 대한 논쟁, 철학과 수사학의 위상에 관한 설전, 더 정확히 말해 휴머니스트들의 속어와 철학에 대한 폄훼 등은 그런 차이에서 비롯된 것이었다. 같은 맥락에서 19세기 이후 인간에 대한 사랑과 박애 등의 의미를 담게 되는 인본주의나 박애주의 같은 보편적인 개념 역시 르네상스 휴머니즘의 본질은 아니었다. 설령 휴머니스트로 불린 대부분의 당대 지식인들이 그런 생각을 갖고 있었다고 해도, 여전히 인간 존재의 한계와 비참함을 중세인들 못지않게 토로한 휴머니스트도 적지 않았던 탓이다. 한마디로 나는 인문주의와 인문주의자라는 번역어가 의도치 않은 시대착오적 오해를 불러일으키며 르네상스기의 성격을 곡해하게 만들 수도 있다고 생각한다. 이것이 바로 고전에 기초한 르네상스기의 지적 풍토를 휴머니즘으로, 그리고 그것을 강조하고 실천한 지식인을 휴머니스트로 적을 수밖에 없는 이유다. 독자들의 환기를 바란다.

아울러 이 책의 한계와 그에 대한 나 나름대로의 변호도 미리 내놓지 않을 수 없다. 짧은 지면에 많은 인물을 담아냈기에 애초 이 책에 등장하는 매력적인 인물들의 모든 것을 보여줄 수는 없었다. 그렇기에 나는 긴 호흡의 롱테이크에 의존해 그들의 전 생애를 살펴보기보다 마치 스냅 사진을 찍듯 그들의 특징적인 모습을 포착하고, 그것을 실타래 삼아 그들에 관한 이야기를 소박하게 풀어내려고 했다. 또한 같은 맥락에서 나는 첫 장과 마지막 장을 제외한 개별 장의 제목들을 모두 주어와 서술어가 있는 문장의 형식으로 달았다. 그럼으로써 그들 삶의 특징적인 어떤 한 순간을 이야기하듯 묘사하고 싶었기 때문이다. 마치 사진첩 속에 담긴 한 장 한 장의 사진에 대해 캡션을 붙이듯 말이다. 나의 이야기가 혹시 누군가에게 복잡다기했던 르네상스인들을 너무 단순화하거나 희화하는 것으로 비친다면 바로 그 때문일 것이다. 나의 이런 걱정이 쓸데없는 우려이길 바랄 뿐이다.

하지만 설령 그렇다고 해도 개괄적이나마 '르네상스'에 대한 큰 그림이 그려질 수 없다면 지금과 같은 모습의 책을 내는 것이 어쩌면 불필요할지도 모른다. 그동안 여러 지면에서 이야기했고 또 이 책의 곳곳에서도 반복했듯이, 나는 르네상스를 '역설의 시대'라고 생각한다. 자기 시대에 대한 통렬한 반성이 르네상스인들의 시선을 먼 과거에 이르게 했고, 역설적이게도 그렇게 뒤를 돌아보면서도 그들이 한발 한발 앞으로 나아갔기 때문이다. 아마도 독자들이 그들에게서 여러 혼란과 모순을 발견하게 된다면, 그것은 바로 독자들이 아니라 그들 때문이라는 것이다. 물론 그런 맥락에서일 테지만, 흔히 회자되는 르네상스 문명이라는 '찬란함'의 이면에는 그것을 추동한 당대인의 불안한 기운과 불편한 속내가 자리 잡고 있었다. 역설의 문화운동, 그리고 불안 속에서 피어난 처연한 꽃, 그것이 내가 찾은 르네상스다.

일간지의 칼럼을 쓰는 동안 전대미문의 코로나19가 전 세계를 뒤덮고 있었다. 그리고 내가 초고를 다시 정리하고 있는 2023년 봄, 이제 우리 모두 조금씩 그 충격에서 벗어나고 있다. 하지만 일상으로 돌아간 것 같은 지금 이 순간에도, 오늘의 우리가 코로나 이전 어제의 우리와 결코 같을 수 없다는 점을 우리는 잘 알고 있다. 그래서인지는 몰라도 '기후위기'나 '환경파괴' 등으로 대변되는 인간의 오만함에 대한 불안한 목소리도 이전보다 훨씬 더 커지고 있다. 흑사병 이후 모든 가치관의 전도를 절감하던 르네상스인들의 불안한 마음도 이와 비슷하지 않았을까. 하지만 그들과 달리 오늘날의 우리는 아쉽게도 인간이란 무엇인가에 대해 더는 묻지 않는다. 대단한 열풍을 불러일으킨 챗GPT에 대한 일부의 무분별한 환호처럼, 우리의 일을 다른 무엇인가에게 맡겨놓으면 모든 문제가 해결되리라고 자위하는 듯 말이다.

지금 내게 르네상스가 또다시 새롭게 읽히는 이유는 바로 그 때문이다. 인간이란 누구이고, 또 인간이라면 어떻게 살아야 하는가? 설혹 서로 다른 답을 내놓았다 하더라도 르네상스기의 지성들은 대부분 바로 이 본질적인 질문에 기초해 인간과 사회, 정치와 윤리에 관한 자신들의 생각을 내놓기 시작했다. 물론 나는 그들의 모든 대안에 동의하지 않는다. 그리고 그들이 내놓은 이런저런 가능성들을 우리 시대에도 여전히 적용할 수 있으리라고 믿지 않는다. 그렇기에 내가 그들을 읽는 이유가 그 대안과 가능성을 그저 반복하기 위해서가 아니라는 점도 분명하다. 유발 하라리의 말대로 역사를 공부하는 이유는 과거를 더듬으며 그 가능성들을 되풀이하기 위해서가 아니기 때문이다. 오히려 그것에서 해방되는 것이 우리의 목적이 되어야 한다. 이 책을 읽으면서 몇몇의 독자라도 내가 느낀 그런 해방감과 해방에 대한 염원을 공유할 수 있기를 바란다.

책을 낼 때마다 느끼는 얄궂은 두려움은 이번에도 마찬가지다. 역사라는 낯선 세계에 그 세계를 치열하게 살았던 주인들의 허락도 없이 발을 들여놓는 어설픈 침략자로서, 내가 그들에 대해 오해를 하고 있을지도 모른다는 걱정 때문이다. 하지만 이번에도 나는 또 그렇게 그들의 세계를 침범했다. 내가 들여놓은 발걸음이 오늘날의 우리 사회에 무언가 울림이 될 수도 있을 것이라는 분수 넘친 믿음으로 스스로를 변호하면서 말이다. 그렇기에 나의 이런 생각을 이해해주고 그 변변치 못한 원고가 그나마 책의 형태가 되도록 힘을 써준 여문책 소은주 대표에게 고마움을 전한다. 그의 공감과 지지 그리고 전문가적 손길이 이 책을 완성했다. 또한 언제나 나의 지적 여정을 든든하게 응원해주는 아내와 딸에게 감사한다. 그들이 툭툭 던지는 실없는 농담과 그 속에 담겨 있는 속 깊은 격려가 내가 오늘도 책을 읽는 이유다. 이제 이 책은 내 손을 떠나 독자들에게로 다가간다. 인간과 사회에 대한 배려가 '법과 기계적 평등'이라는 허울 속에서 그 설 자리를 잃어가는 오늘날 우리 사회에서, 그들의 삶에 조그마한 생각거리라도 던져줄 수 있기를 바랄 뿐이다.

2023년 여름
감동진 나루에서

근대 유럽을 수놓은
이탈리아의 '르네상스인들'

"만약 우리가 어떤 시대를 황금기로 부를 수 있다면,
그것은 분명 수많은 황금 지성을 배출하고 있는
우리가 살고 있는 바로 지금 이 시대다."

꽃의 도시 피렌체에서 르네상스의 한복판을 살았던 신
플라톤주의 철학자 피치노는 자신의 시대를 이렇듯 자
신만만하게 예찬했다. 불과 대략 한 세기 전의 일이었
다. 르네상스의 아버지 페트라르카는 찬란한 문명은커
녕 인간의 도덕성마저 나락으로 떨어졌다고 자신의 시
대를 암울하고 부정적인 시각으로 평가한 바 있다. 이를 고려하면 피치노의 시대 예찬은 분명 커다란 인식의 변화를 의미한다. 페트라르카와 피치노 사이의 100여 년 동안 과연 무슨 일이 일어났고, 또 어떤 세계관의 변화가 생겨난 것일까? 그리고 그 변화는 이후의 역사에 어떤 의미 있는 영향을 끼쳤을까? 어쩌면 르네상스를 이해한다는 것은 이 질문들에 대한 해답을 찾아가는 것과 별반 다르지 않다.

15세기에 도메니코 기를란다요 Domenico Ghirlandaio가 그린 벽화 중 마르실리오 피치노의 초상화. 피치노는 피렌체의 대표적인 신플라톤주의 철학자로서 메디치 가문의 후원을 받아 '플라톤 아카데미'를 이끌면서 플라톤의 여러 저작을 번역했다.

오늘날 많은 사람이 르네상스라는 말에서 마치 터널 끝 빛처럼 밝고 긍정적인 이미지를 떠올리곤 한다. 19세기의 역사가 야코프 부르크하르트Jacob Burckhardt가 르네상스인을 "근대 유럽의 첫 아이"로 규정한 이래, 별다른 고민 없이 무지몽매한 암흑의 중세를 끝내고 계몽의 빛을 인간에게 비춘 출발점으로 르네상스를 이해해온 탓이다. 그 결과 신화적 믿음에 더 가까울 테지만, 르네상스는 야만에서 문명으로 나아가는 단선적 진보의 궤적을 그리는 역사의 도정에서 가장 역동적이고 화려한 시기 가운데 하나로 우리에게 각인되어 있다. 흥미로운 사실은 우리 사회에서도 이 매력에 이끌려 르네상스를 긍정적인 무엇인가를 표현하기 위한 하나의 대명사처럼 쓰는 경우가 적지 않다는 점이다. 누군가는 영·정조 시대를 한국사의 르네상스기로 부르기도 하고, 또 다른 누군가는 자기 쇄신을 위한 선언적인 모토로 르네상스라는 말을 무분별하게 전면에 내걸기도 한다.

야코프 부르크하르트(1818-1897). 19세기의 스위스 역사가로서 『이탈리아 르네상스의 문화 *Die Cultur der Renaissance in Italien*』를 저술해 근대의 시작이라는 르네상스의 이미지를 최초로 정립했다.

물론 임진·병자 양란 이후의 조선 사회를 부흥하려 했다는 점에서, 또 침체된 무엇인가에 활력을 불어넣어 그것을 개선하려 한다는 점에서, 르네상스라는 용어를 그렇게 들먹이는 것도 이해 못 할 바는 아니다. 하지만 유럽의 역사에 나타난 르네상스는 이와는 본질적으로 다른 개념이다. 무엇보다 역사상의 르네상스는 고전 모델을 전거 삼아 이루어진 문화운동이었고, 그 점에서 정치적 혹은 문화적 슬로건으로서 흔히 유행어처럼 남용되는 르네상스와는 질적으로 달랐다. 무엇을 삶의 본보기로 삼고자 하는가? 역사 속의 르네상스는 바로 이 질문과 함께 시작되고 발전했다. 낯설게 들릴 수 있지만 그 본보기는 오래된 과거의 세계였다. 그리고 그 과거를 어떻게 이해하고 전유할 것인지를 두고 수많은 수사修辭의 향연이 전개되었다.

'고전고대'가 치유하리라는 믿음에서 시작

그렇다면 '르네상스'란 무엇인가? 어원상 '부활'이나 '재생'을 뜻하는 르네상스는 일반적으로 두 가지 의미를 지닌다. 첫째, 그것은 14세기 이탈리아에서 시작해 15세기 이후 알프스 이북의 유럽으로 확산된 일련의 문화적 변동을 지칭하는 개념이다. 그리스와 로마의 고전 문화를 정신적 기둥 삼아 태동한 이 변화는, 앞선 중세 문화를 배격하고 유럽인들의 정신적·문화적 삶 모두에서 고대의 세계관과 가치관을 되살리려 한 하나의 문화운동이었다. 흔히 페트라르카를 르네상스의 아버지로 평가하는 것도 그 때문이다. 그는 자기 시대의 암울한 문명이 인간의 도덕적 타락과 학문의 퇴조에서 비롯되었다고 생각했고, 그에 대한 해결책을 모색하면서 역설적이게도 고대인들의 세계로 시선을 돌린 첫 주자였다. 고전고대의 세계관이 시대의 폐해를 치유하는 더할 나위 없는 지침이 될 수 있다는 믿음에서였다.

둘째, 르네상스는 이와 같은 문화적 변동이 일어나 사회의 지배적 조류로 작용한 역사상의 특정 시대를 일컫기도 한다. 르네상스 연구자들은 고전의 부활에 천착한 14~16세기의 문화적 분위기가 단지 학문과 예술의 영역에만 영향을 끼치는 데 머물지 않고 정치·경제·종교·사회 등 당시 유럽의 모든 분야에서 총체적인 변화를 이끌어냈다는 점에 주목한다. 이러한 맥락에서 보자면, 넓은 의미의 르네상스는 단순한 문화운동을 넘어 중세에서 근대로 넘어가는 역사상의 특정 시기를 지칭하는 시대 개념이다. 다시 말해 르네상스는 고대라는 과거를 숭모하고 그것에 시선을 고정시키면서도 근대라는 미래로 발

조르조 조르조네Giorgio Giorgione가 그린 〈세 명의 철학자〉, 빈 국립
미술사박물관 소장. 1508~1509년 사이에 조르조네는 노년, 중년, 청년
으로 형상화된 세 명의 현인이 모여 있는 그림을 그렸는데, 이는 각각
고대, 중세, 현대라는 르네상스의 관념을 대변하는 것으로 보인다.

걸음을 내디딘 역설의 문화운동이자 이를 토대로 전개
된 역사상의 특정 시기를 가리킨다.

수많은 지식인의 눈부신 지적 쟁투

이런 르네상스의 의미를 염두에 둔다면, 르네상스가 옛

세계를 염원한 복고적·회고적 운동이었고, 따라서 그 아래에는 회한과 노스탤지어의 정서가 면면히 흐르고 있었음을 부인하기 어렵다. 하지만 피치노의 자부심 넘치는 이야기에서 확인할 수 있듯이 우리에게는 과거를 향한 르네상스인들의 발걸음 속에서 무언가 새로운 것이 탄생했다는 점이 더욱 매력적으로 다가온다. 아마도 서양 예술계를 빛낸 수많은 상징적인 인물이 르네상스기에 등장했다는 점이 이를 증명할지 모른다. 지구촌의 수많은 사람은 지금도 미켈란젤로나 레오나르도 다 빈치 그리고 라파엘로는 말할 나위도 없고, 그 외의 여러 르네상스 미술가가 내뿜는 유혹에 이끌려 피렌체나 로마, 베네치아 등 르네상스 도시로 부단히 발걸음을 옮기고 있다. 르네상스는 이처럼 천품의 기예를 자랑하는 창조적인 예술가들을 숱하게 낳았다. 오늘날의 우리는 대개 그들의 작품을 통해서 르네상스를 바라보고 이해한다.

하지만 그 본질에 있어 르네상스는 말과 글을 통해 고대 세계를 부활하려 한 지적 운동이었다. 굳이 오늘날까지도 여전히 많은 사람의 서가를 장식하고 있는 마키아벨리 같은 유명 인사를 거명하지 않더라도, 그에 버금갈 만큼의 탁월한 지성을 갖춘 지식인들이 르네상스기를 명멸하며 지적 향연을 벌였다. '종이 전쟁'이라는 말이 무색하게 느껴질 정도다. 게다가 통념과 달리 이 지적 경연에 동일한 고전 유산의 적통임을 자임한 이슬람 세계 역시 동참하면서 그 깊이와 풍부함이 더해졌다. 어쩌면 지성인들의 열전으로 기술될 때 르네상스라는 역사의 이야기가 가장 올곧게 꾸며질 수 있는 것도 그러한 맥락에서다. 물론 그들이 언제나 고매한 인격의 소유자였던 것은 아니다. 앞으로 만나게 되겠지만 그들 대부분은 때론 숭고한 사상가였으나, 또 어떤 경우에는 논쟁적인 독설가였으며, 또 간혹은 성마른 싸움꾼이기도 했다. 스스로 자기모순적인 이야기를 이곳저곳에서 늘어놓는 이들도 적지 않았다.

그렇다면 르네상스를 이 다채로운 인간들이 수놓은 백가쟁명의 지적 쟁투기로 평가해도 무리는 아니다. 우리가 르네상스에서 한편으로는 모순적이면서도 또 다른 한편으로는 다른 무언가로 수렴될 수 있는 복잡다기한 사고실험의 흔적들을 종종 목격하는 것도 그와 무관하지 않다. 이 점에서 어쩌면 긴장과 갈등 혹은 모순이라는 열쇳말로 정리될 수 있는 이 통일되지 못한 사고의 혼란이야말로 르네상스를 가장 르네상스답게 만드는 문화적 징후일 수도 있다. 최초의 르네상스인으로 불리는 페트라르카부터 16세기 교양인의 전형 카스틸리오네에 이르

르네상스의 고향 피렌체 전경.

는 르네상스의 지성들을 살펴보면서 앞으로 우리는 바로 그 점을 확인하게 될 것이다. 르네상스를 찬란하게 수놓았던 지성들은 과연 무엇을 믿었고, 어떤 세계를 꿈꾸었으며, 또 어떤 방식으로 생각했을까? 그들의 다양한 논의를 검토하며 이에 대한 답을 찾아갈 때에만 신화가 아닌 역사 속의 실체인 르네상스가 우리 앞에 그 본모습을 드러낼 것이다. 르네상스인들이 그런 식으로 고대 세계에 다가갔듯 말이다.

역사적 실체인 르네상스가 던지는 질문

오늘날의 한 르네상스 역사가의 말대로, 르네상스기에는 "고전고대를 부활시키고 지향함으로써 또 궁극적으로는 그것에 비추어 자기 스스로를 판단함으로써, 동시대의 문화를 갱생하고 혁신시킬 수 있다"는 신념이 강력한 시대의 소명으로 자리 잡고 있었다. 르네상스인들의 백가쟁명식 사고실험이 자신들이 살던 사회에 대한 해석이요, 그것이 안고 있던 문제를 해결하는 대안이었다는 것이다. 한마디로 르네상스기의 지식인들은 새로운 삶을 지향하고 있었다. 그리고 그들은 그런 와중에 앞서 언급한 피치노처럼 자신들이 문화부흥의 시대에 살고 있다고 굳게 믿고 있었다. 인간의 삶과 그들이 함께 모여 일군 공동체에 대한 여러 담론을 봇물 터트리듯 쏟아낸 심리적·인식론적·사회적 원천이 바로 그것이었다. 어쩌면 이 점에서 르네상스인들이야말로 '호모 나란스homo narrans', 즉 고대 세계가 막을 내린 이후 숨을 죽이고 있던 '이야기하는 인간'의 폭발적인 재등장을 웅변한다.

그런 까닭에 르네상스기의 지식인들은 과학적 혹은 형이상학적 차원에서 앎의 문제에 천착하기보다 인간의 삶의 방식 자체를 변화시켜 그들을 올바른 삶으로 이끌고자 했다. "인간 존재를 인간답게 개선"하는 것이 그들의 지향점이었던 셈이다. 그리고 그것을 위해 그들은 인간과 사회를 개선하기 위한 각자 나름대로의 해결책을 제시하기 시작했다. 첫째, 중세의 보편적·제국적 질서가 붕괴하면서 사회와 공동체에 대한 다양한 정치사상적 논의가 쏟아져 나오기 시작했다. 오늘날의 공화주의 논쟁과 별반 다르지 않은 격론이 벌어지기도 했고, 그에 맞서 평화 지향적인 군주제 담론도 더욱 정교하고 세련되게 제시되기에 이르렀다. 위기에 처한 문명을 재생하기 위해서는 개별적인 인간뿐만 아니라 사회 전체의 개선이 필요하다는 생각에서였다.

둘째, 문명적 위기의식이 팽배해지면서 과연 무엇이 인간의 올바른 삶인가라는 인간 존재에 대한 본원적인 질문 또한 제기되었다. 물론 조금씩의 차이는 있었지만 대개의 르네상스 지식인들이 지·덕·체의 조화 속에서 각자의 탁월성을 길러 인간을 사회적 존재로 양성하려 했던 고대 그리스의 파이데이아paideia 이상과 그것을 계승한 로마의 인문학 전통에 기초해 인간의 교양과 덕의 함양을 강조한 것도 그 때문이었다. 더군다나 그와 함께 인간의 본질과 기원에 대한 인간학적 혹은 지식사회학적 탐구가 이루어지고, 인간이 일군 문명에 대한 더욱 고

차원적인 논의들도 펼쳐지기 시작했다. 이를 염두에 두면 "인간은 태어나는 것이 아니라 만들어지는 것"이라고 설파한 16세기 에라스뮈스의 유명한 언명은, 어쩌면 인간의 본성에 대해 진지하게 고민하기 시작한 르네상스기 이탈리아인들의 풍성한 논의 덕분에 나올 수 있었을지도 모른다.

셋째, 일견 고답적이고 맹목적이던 과거에 대한 관심이 이른바 역사의식의 성장이라는 예기치 못한 변화를 일구어냈다. 르네상스인들은 고대인들을 따르고자 했다. 그러므로 그런 그들에게는 위대했던 고대, 특히 찬란했던 로마의 영광이 자신들의 시대를 비추는 거울이 되기에 충분했고, 또 그렇기에 그들은 고대의 역사에 끝없이 매달렸다. 그런데 과거에 대한 이런 숭모와 탐닉이 역설적이게도 그들로 하여금 자신들이 그 옛 세계로부터 얼마나 멀리 떨어져 있는지를 깨닫게 했다. 지난 세기 이탈리아를 대표한 지성사가 가렝Eugenio Garin이 언급했듯이, 이처럼 르네상스 문화는 과거 문명에 대한 태도를 통해 가장 적확하게 정의될 수 있다. 고전고대에 대한 무비판적인 열망과 동경을 넘어서는 이른바 '역사의식'의 발현에서 르네상스의 진정한 본질을 확인할 수 있다는 게 그의 생각이다. 시간과 기억에 대한 새로운 감수성, 그리고 문화적 차이에 대한 깨달음이 생겨나기 시작한 것이다.

그렇다면 르네상스의 지성을 읽는다는 것은 그저 과거라는 낯선 세계를 즐거움의 차원에서 맛보는 것 이상의 의미를 지닌다. 인간과 사회, 역사와 학문에 대한 르네상스기의 현란한 논의가 오늘날 우리가 경험하는 정치와 권력, 사상의 문제와도 분명 맞닿아 있기 때문이다. 20세기 후반 몬티 파이튼Monty Python이라는 희극 그룹을 결성해 비틀스에 버금가는 문화적 충격을 주었던 테리 존스Terry Johns는 한 인터뷰 기사에서 다음과 같이 이야기한 적이 있다. "개인적으로 르네상스가 제게 해로운 일을 한 적은 없습니다. 다만 르네상스에 관해 말할 때마다 눈을 반짝거리는 사람들의 모습이 그저 저를 짜증나게 할 뿐입니다." 중세에 대한 자신의 애정이 르네상

테리 존스(1942-2020). 옥스퍼드 출신으로서 몬티 파이튼 그룹을 결성해 격조 높은 코미디를 제작했다. 주로 중세를 배경으로 한 여러 작품에 제작자이자 작가 그리고 배우로 참여했는데, 2004년 『가디언』지 인터뷰에서 르네상스에 대한 세인들의 무분별한 환호와 경탄에 관한 반감 때문에 중세에 관심을 가지게 되었다고 회고했다.

스에 대한 세인들의 무비판적인 환호에 맞선 저항의 제스처라는 에두른 표현이었다. 신화화된 르네상스에 대한 의도적인 홀대인 셈이다.

이제 우리는 존스와는 다른 각도에서 르네상스기의 지성들을 만나면서 그들이 표출했던 인간과 사회에 대한 치열한 고민을 검토하게 될 것이다. 그들은 때론 낯설고 서툴렀지만, 또 다른 경우에는 분명 조숙하고 진지했다. 또 그들 사이에는 넘어설 수 없는 차이도 존재했고, 또 그만큼이나 서로 공유하는 부분도 적지 않았다. 다양한 생각이 르네상스를 다채롭게 물들인 것이다. 그 결과 무엇이 되었든 지성인들의 열전으로 쓰인 르네상스는 존스가 혐오했듯이 그저 "오, 르네상스"라는 경탄 속에서 마치 신화처럼 박제된 세계와는 다른 것으로 우리에게 다가올 것이다. 고대와 주고받는 대화를 통해 인간과 사회에 대한 다채로운 생각이 움트기 시작한 역사적 실체인 르네상스가 바로 그것이다. 이것이야말로 물질만능의 전문가 바보만을 양산하면서도 애써 그 부끄러움을 피하기만 하는 오늘날 세태에서 우리가 르네상스의 지성들을 다시 읽어야 하는 중요한 이유다.

단테를 흠모한 문인,
페트라르카에게 도전하다

1351년 여름에서 1353년 사이의 어느 날 보카치오는 당대 최고의 시인이자 지식인으로 명성을 날리던 페트라르카에게 자신이 손수 필사한 단테의 『신곡』 사본 하나를 선물로 보냈다. 특별한 제목 없이 페트라르카를 칭송하는 시구인 "논란의 여지없는 이탈리아의 영예여"라는 구절로 시작되는 자작시 한 편이 동봉되어 있었다. 하지만 페트라르카의 문학적 재능을 예찬하는 듯한 겉모습과 달리 지난 세기의 시인 단테가 주인공으로 더욱 부각되고 있다는 점에서, 이 시와 그의 선물은 우리의 주목을 끌기에 충분하다. 보카치오가 로마의 영광을 되살린 계관시인으로 페트라르카를 최고의 시인이라고 칭송한 직후 바로 "받으소서. 지식인들에게는 매혹적이고 대중에게는 경이로운 단테의 이 작품을. 저는 생각합니다. 이전 시대에는 그 어떤 것도 이렇게 저술되지 못했습니다"라고 노래하며, 자신이 단테의 『신곡』을 보낸 이유를 분명하게 밝혔기 때문이다.

중세 세계관의 문학적 결정판으로 평가되는 불후의 고전 『신곡』의 저자로서, 또한 '청신체dolce stile nuovo'(감미롭고 새로운 문체)로 불리던 새로운 문학양식의 주창자로서, 단테는 살아생전부터 대중의 사랑과 각광을

도메니코 디 미켈리노Domenico di Michelino가 1464년에서 1465년 사이에 그린 단테의 초상화. 지옥과 연옥 그리고 도시 피렌체 사이에서 자신의 작품 『신곡』을 들고 있는 단테의 모습을 표현했다.

한 몸에 받은 최고의 작가였다. 이후 세대인 페트라르카의 명성 또한 결코 그에 못지않았다. 특히 고전 라틴 문화에 기초한 문학 활동은 페트라르카에게 고대 로마 전통에 입각한 계관시인의 영예를 선사했고, 서정적이고 감미로운 그의 시풍은 이후 서유럽 시인들이 따르게 될 규범으로 자리 잡았다. 이들과 비교할 때 페트라르카보다 열 살가량 어렸던 보카치오는 대개 우리에게는 『데카메론』의 저자로만 알려져 있다. 하지만 젊은 시절부터 단테와 페트라르카를 흠모한 그는 수많은 서정시와 오늘날의 짧은 소설을 연상시키는 새로운 문학 장르 노벨라를 여러 편 저술한 뛰어난 문인이자 고전의 부활과 그에 기초한 문화적 부흥을 꿈꾸면서 당대의 피렌체 문화계를 이끈 활동적인 지식인 가운데 하나였다.

단테에 대한 평가에 도사린 갈등

15세기의 르네상스인들은 단테와 페트라르카 그리고 보카치오를 이탈리아 문학계의 '3대 왕관 tre corone'으로 일컬으며, 그들의 문학적 위상에 관한 크고 작은 논쟁을 벌이곤 했다. 특히 이러한 현상은 르네상스의 본향을 자처하던 피렌체에서 더욱 두드러졌는데, 이는 그들 모두가 그 꽃의 도시 출신이었기 때문이다. 최고의 문인이자 학자를 배출했다는 자부심으로 충만한 피렌체인들의 입장에서는 세 왕관의 위상을 평가하는 것이 곧 도시의 영광을 기리는 일과 무관하지 않게 받아들여진 탓이다.

특히 단테와 페트라르카가 비교의 핵심이었다. 단테는 일찍부터 현실정치에 뛰어든 능동적인 시민의 전형이었고, 결국 정쟁에 휘말려 고국에서 추방되어 망명객으로 삶을 마감한 불운한 천재였다. 이와 달리 페트라르카는 마치 세파에 초연한 듯 파도바, 아비뇽, 밀라노 등의 여러 도시를 제 집처럼 오가며 '세계시민'의 삶을 추구한 방랑 지식인이었다. 또한 『신곡』이 대표하듯이 단테가 주로 피렌체 속어로 저술 활동을 한 것과 달리, 뼛속 깊이 고전주의자였던 페트라르카는 속어를 폄훼하고 라틴어를 중시했다. 속어로는 고귀하고 진중한 생각을 온전히 담아낼 수 없다는 르네상스기 휴머니스트 본연의 생각에서였다.

그렇다면 그들이 각각 최고의 중세인과 최초의 르네상스인을 표상하는 것처럼 보일 수도 있다. 하지만 당대인들에게는 둘 사이의 비교가 그리 간단하지만은 않았다. 자신이 살던 시대부터 르네상스기에 이르기까지 '뮤

즈의 영광'을 지상에서 되살린 최고의 '시인', 어떤 교리에도 막힘이 없는 박식한 '신학자', 고대 문학을 현대에되살린 고전 학문의 부활자라는 단테의 명성이 줄곧 이어졌기 때문이다. 또한 그런 까닭에 최고를 꿈꾸던 단테 이후의 이탈리아 문인들에게는 그와의 비교가 피할 수없는 숙명처럼 다가오곤 했다. 특히 고전에 대한 남다른열정을 표출하기 시작하던 14세기의 여러 이탈리아인은단테가 벼린 문학적 이상을 어떻게 계승하고, 또 어떤 방식으로 전유할 것인지에 대한 각자의 견해를 제시하기시작했다. 단테는 그들에게 고전 작가들만큼이나 모방과 극복의 대상으로 자리 잡았다.

보카치오와 페트라르카 역시 마찬가지였다. 일찍부터 단테를 숭모한 보카치오는 『데카메론』을 비롯한 여러 속어 작품을 저술하면서 단테의 신선한 내러티브 양식이나 역동적 스타일 혹은 극적인 효과 등을 한껏 차용하곤 했다. 한마디로 그에게 단테는 모방할 만한 근대 작가의 본보기였다. 하지만 이와 달리 페트라르카는 단테에게 의도적인 냉담이나 무관심 이상을 표출하지 않았다. 단테가 "선술집이나 저잣거리의 무지한 이들"에게나 어울릴 법한 저속한 언어를 구사한 통속 작가에 지나지 않고, 그렇기에 그의 책들은 한낱 "생선 가게의 포장

1495년 산드로 보티첼리
Sandro Botticelli가 그린
단테의 초상화.

지"로나 쓰일 수 있을 뿐이라고 냉소할 정도였다. 물론 이러한 페트라르카의 비아냥거림에는 그 특유의 명예욕이 자리 잡고 있었다. 하지만 라틴 전통에 기초한 새로운 문화의 선도자를 자임하던 페트라르카에게는 다른 무엇보다 단테가 고전에 무지한 구시대의 열등한 인물로 받아들여졌다는 점은 분명하다.

　이것이 바로 페트라르카에게 보낸 보카치오의 자작시와 『신곡』 사본을 단순한 우호의 표현으로만 보기 어려운 까닭이다. 물론 작가로서 첫발을 내디딘 초년 시절부터 보카치오는 페트라르카를 존경했고, 오랜 기간 수십 통의 편지를 주고받을 정도로 둘 사이의 관계는 남다른 애정으로 가득 차 있었다. 평생에 걸쳐 교류를 했는데도 둘 사이의 만남이 단지 세 차례만 이루어졌다는 점이 의아하게 생각될 정도로 그들 사이는 각별했다. 1350년 가을 북이탈리아 지역에 체류하던 페트라르카가 교황청의 성년대사에 참석하기 위해 로마로 가던 중 잠시 피렌체에 머물게 된 것이 첫 번째 계기였다. '저명한 스승'으로 부르며 페트라르카를 흠모한 보카치오에게는 더할 나위 없이 설레는 기회였을 것이다.

하지만 오늘날 우리에게는 과연 이 만남에서 무슨 이야기가 오갔고, 그들이 무엇을 했는지 알려주는 기록은 아무것도 남아 있지 않다. 다만 페트라르카에게 감화된 피렌체의 젊은이들 사이에서 그에 대한 존경심이 커져 갔다는 것은 분명해 보인다. 이후 피렌체의 젊은 지식인들 사이에 페트라르카를 추앙하는 일명 '페트라르카 클럽'이 형성되기에 이르렀기 때문이다. 단연 그 대표주자는 피렌체 문화계의 주역으로 떠오른 보카치오였다.

'악의 추종자', 보카치오의 비판

하지만 설령 그렇다 해도, 특히 단테에 대한 평가를 둘러싼 문제에서 페트라르카와 보카치오는 오늘날의 우리가 정확히 알기 힘든 의미 있는 갈등을 겪었던 것으로 보인다. 1351년의 두 번째 만남이 특히 우리의 시선을 사로잡는 것도 바로 그 때문이다. 그해 여름 보카치오는 파도바에 체류하던 페트라르카를 방문할 흔치 않은 기회를 얻었다. 보카치오의 이 북이탈리아 여행은 다분히 정치적인 목적에서 이루어졌다. 피렌체 정치문화계의 핵심 인사로 자리 잡은 그에게 도시 당국에서 피렌체를 위협하던 밀라노에 맞서 북이탈리아의 여러 도시를 규합해 이른바 반反밀라노 전선을 구축하라는 외교적 임무를 맡겼기 때문이다.

그런데 의미심장하게도 거기에는 페트라르카를 설득해 피렌체로 귀국시키는 일도 포함되어 있었다. 1349년 새롭게 문을 연 피렌체 대학교에 페트라르카를 교수로 초빙해 이탈리아의 문화석 중심지로서 도시의 명예를 높이려는 의도에서였다. 하지만 기대와 달리, 이미 아비뇽 교황청으로 거처를 옮기기로 마음먹은 페트라르카는 보카치오가 전한 피렌체인들의 제안을 일축해버렸다.

보카치오를 실망시킨 것은 이 예기치 못한 거절뿐만이 아니었다. 이번 경우에도 우리는 그들이 파도바에서어떤 이야기를 나누었는지 확실히 알 수는 없다. 하지만이후의 정황을 고려하면 이 만남에서 페트라르카와 보카치오가 시와 시인의 역할에 대한 그리 짧지 않은 논쟁을 벌였던 것은 분명해 보인다. 두말할 나위 없이 그들사이의 논쟁에는 단테에 대한 상반된 평가가 핵심 고갱이로 똬리를 틀고 있었다. 물론 그런 맥락에서였을 것이다. 페트라르카의 서재에서 단테의 『신곡』을 찾을 수 없었다는 일견 단순한 사실이 보카치오를 더욱 의아하게만들었다. 그렇다면 이후의 어느 시점에 보카치오가 페트라르카에게 보낸 『신곡』 사본과 시는 시인 혹은 지식인의 모범적인 전형으로서 단테의 삶을 따르라고 권고하며 점잖게 에둘러 던진 도전장이 아니었을까?

이 점은 그가 단테의 삶을 지식인의 사회적 책무라는 차원에서 재구성하며, 지식인이나 학자에게 요구되는 이상적인 삶이 무엇인가라는 화두를 던졌다는 점에서 더욱 잘 드러난다. 보카치오에게 단테는 피렌체의 명예를 빛낸 최고의 문인인 동시에 공동체의 문제에도 적극적으로 참여한 능동적인 시민의 표상이었다. 한마디로 '피렌체인들의 영광' 그 자체라는 것이었다. 보카치오

19세기 초반에 라파엘로 모르겐Raffaello Morghen이 그린 페트라르카의 초상화. 국립 스코틀랜드 미술관 소장. 페트라르카는 고전의 가치에 주목한 첫 번째 르네상스인으로 꼽힌다. 특히 그는 로마 전통에 기초한 계관시인의 영예를 누렸는데, 이 때문에 그에 관한 초상화는 주로 월계관을 쓴 시인의 모습으로 재현되어왔다.

는 이 시에서 단테가 페트라르카처럼 계관시인의 영예를 누리지 못했으며, 더 나아가 조국에서 추방된 불행한 환경에서 저술 활동을 해야 했다고 언급한다. 하지만 그런 스스로의 삶을 통해 문인의 존재 이유를 몸소 보여줌으로써 단테가 미래 세대에게 더할 나위 없는 교훈을 주었다는 것이 그에 대한 보카치오의 평가였다.

따라서 그는 페트라르카에게 "이 동료 시민[단테]을 학자이자 시인으로 받아들이고", 그의 『신곡』을 "주의 깊게 읽고, 당신[페트라르카]의 컬렉션에 포함시키고, 익히고 또 인정하라"고 거듭 권했다. 학자 혹은 문인의 삶이 공동체의 안위와 문화를 증진하는 사회적·정치적 책무와 결코 떨어질 수 없다는 신념의 표현이었다.

1353년 이 문제와 관련된 페트라르카와 보카치오 사이의 잠재적 갈등이 드디어 수면 위에서 폭발했다. 두 해 전 피렌체로 귀환하기를 거절했던 페트라르카가 이제 밀라노 궁정에 출사한다는 뜻밖의 소식이 들려왔기 때문이다. 이탈리아 문화계 전반, 특히 보카치오를 위시한 피렌체의 지식인들에게는 충격 그 자체였다. 무엇보다 그들은 페트라르카의 이 결정을 조국 피렌체에 대한 정치적·지적 배신으로 받아들였다. 이에 보카치오는 한 지인에게 편지를 보내, 이제 스스로 '악의 추종자'가 되면서 페트라르카에게는 "스스로의 행동을 부끄러워하거나 비난하는 것" 이외에 다른 어떤 일도 남아 있지 않다고 말하며 그를 거세게 비난했다. 페트라르카의 이 결정이 조국에 해로운 정치적 죄악이며, 그를 믿고 따랐던 동료 문인과 지식인들에 대한 문화적 범죄라는 서슬 푸른 일갈이었다.

고독할 자유를 추구한 페트라르카

적어도 남아 있는 기록으로만 판단한다면, 흥미롭게도 이에 대해 페트라르카는 아무런 직접적인 대응도 하지 않았던 듯하다. 다만 보카치오와 친분이 있던 피렌체의 한 페트라르카 클럽의 구성원에게 편지를 보내, 자신은 할 수 있는 "모든 가능성을 염두에 두고 최선의 길을 선택했으며, 만약 그에 대한 일말의 회의가 있다면 적어도 차악으로 생각되는 일을 했을" 뿐이라고 조심스럽게 이야기했다. 물론 그러면서도 그는 자신의 선택 때문에 여러 사람이 상처를 입었을 것이라는 점을 잘 알고 있다는 인사치레도 잊지 않았다. 여기서 그의 진정한 속내는 다른 데 있었다. 그것은 바로 자신은 그저 "가장 완벽한 고독과 여가"를 보장한 밀라노 군주의 약속을 믿고 "평화에 대한 자연적인 본능"을 따랐을 뿐이라는 변호였다.

　이에 대한 보카치오의 응수도 확인할 길이 없다. 하지만 분명 피렌체 시민으로서 여러 정치적인 역할을 맡고 있던 그에게는 페트라르카의 항변이 그저 허울 좋은 변명처럼 들렸을 것이다. 그런데 여기서 우리는 페트라르카가 자신의 결정을 이른바 '명상적 삶'의 이상에 기대어 정당화했다는 점을 흘려들을 수 없다. 다음 세기의 여러

1450년경 안드레아 델 카스타뇨Andrea del Castagno가 그린 페트라르카 (왼쪽)와 보카치오(오른쪽)의 초상화. 우피치 미술관 소장.

르네상스 지식인들은 '활동적·정치적 삶'과 '명상적·은 둔적 삶'이라는 서로 다른 이상에 기대어 '지식인의 올바른 삶은 무엇인가'에 대한 논의를 확대해갔다. 한편에서는 공동체에 대한 헌신과 기여 그리고 공사公事에 대한 책임을 강조했다면, 다른 한편에서는 지식인의 자유라는 이상을 명분 삼아 혼탁한 세상의 질곡에서 벗어난 여가와 평화, 즉 고독을 예찬했다. 단테에 대한 평가를 둘러싸고 보카치오와 페트라르카 사이에서 드러난 갈등은 바로 그 상반된 시각의 맹아가 드러난 초기의 사례였다.

정확한 정황은 알 수 없지만 이후 그들은 화해했고 죽을 때까지 예년의 우호적인 관계를 유지했다. 하지만 그들 사이에서 단테와 관련해 벌어진 짧은 논쟁은 우리에게 적지 않은 생각거리를 던져준다. 고전의 부활이나 교양의 증진과 관련된 엇갈린 견해, 서로 다른 정치적 경험에서 비롯된 조화할 수 없는 인간관의 깊은 심연이 둘을 갈라놓고 있었기 때문이다. 다시 말해 보카치오에게 단테가 현실의 문제를 도외시하지 않고 적극적으로 그것에 참여한 능동적인 시민으로 예찬되었다면, 세계시민을 지향하며 지식인의 여가를 강조한 페트라르카에게 단테는 학자적·관조적 삶의 이상을 저버린 채 그저 무지한 이들에게서나 환호를 받으려 한 통속 작가일 뿐이었다. 또한 속어를 둘러싼 그들의 이견에는, 이후 세대가 봉착하게 될 현실적 절망감, 즉 고전을 통해 인간을 교화하기 위해서는 필연적으로 속어에 의존할 수밖에 없을 것이라는 딜레마 역시 어렴풋하게 잠재해 있다.

어떻게 살아야 하고 또 어떻게 표현해야 하는가와 관련되어 이후 세대의 르네상스 지식인들이 힘겹게 씨름하게 될 난제들이 이 14세기 두 문화적 거장의 숨은 논쟁 속에 은밀히 자리를 잡고 있었던 셈이다. 말년에 이

르러 페트라르카는 『데카메론』의 유명한 이야기 한 편
을 라틴어로 번역해 보카치오에게 선물로 보냈다. 한때
자신이 대중을 겨냥한 통속 작품에 지나지 않는다고 에
둘러 이야기한 이 속어 작품을 손수 '자신의 언어'로 번
역한 것이었다. 이 단순한 일화가 우리에게 무엇을 말해
줄 수 있을까?

한편 노년의 보카치오에게는 노환으로 비록 마무리 짓지는 못했지만 단테의 『신곡』을 주해하고 대중에게 강의하는 일이 그의 마지막 지적 작업이 되었다. 속어와 라틴어, 그리고 지식인의 삶과 관련해서, 페트라르카와 보카치오가 단테에 대해 품었던 엇갈린 생각들이 그들의 삶에 남긴 마지막 흔적들이다.

휴머니스트 서기장,
공화국의 의미를 묻다

14세기 초반의 피렌체는 오늘날의 통념과는 사뭇 다른 도시였다. 설령 단테와 페트라르카를 낳았다고 해도, 파도바나 베로나처럼 고전에 기초한 새로운 학문이 번성하고 있던 북이탈리아의 도시들과 비교할 때 학문과 문화의 영역 모두에서 여전히 보잘것없는 수준에 머물러 있었기 때문이다. 하지만 14세기 후반부터 이탈리아 곳곳의 여러 젊은이가 그들 스스로 자신들의 '영적 스승'이라고 부른 피렌체의 한 지식인 주위에 몰려들기 시작했다. 그리고 그것을 계기로 아르노 강변의 그 꽃의 도시는 서서히 명실상부한 르네상스의 지적 수도로 탈바꿈해

나갔다. 그가 바로 페트라르카에게 감화되어 고전의 부활과 고전적 삶의 모델에 심취한 피렌체의 휴머니스트 살루타티였다. 브루니와 포조를 비롯해 그의 교육을 받은 수많은 젊은이가 15세기 전반 이탈리아 지식인 세계의 주역으로 성장하게 된다는 점을 고려하면, 살루타티

1427년경 마사초Masaccio가 브랑카치 예배당에 그린 벽화의 일부.
가운데 두 손을 모으고 앉아 있는 인물이 살루타티로 추정된다.

야말로 고대 세계의 부활이라는 르네상스 본연의 이상을 결코 되돌릴 수 없는 시대의 가치로 만든 배후의 지휘자였다.

당대의 한 인사가 살루타티를 "고대의 모든 천재적인 시인들을 부활시킨 웅변의 달인"이라고 칭송한 것도 그런 맥락에서였다. 하지만 엄밀히 말해 살루타티의 고전 지식과 수사적 기예는 이전 세대의 페트라르카는 물론이고 브루니로 대변되는 다음 세대의 높은 수준에 결코 이르지 못했다. 또한 그들과 비교할 때 살루타티는 자신만의 어떤 사상을 논리적이고 일관되게 담아낸 논고들을 그리 많이 저술하지도 못했다. 이것이 바로 그가 독창적인 사상가나 창조적인 문인이라기보다, 이전 세대에 확립된 고대에 대한 숭모의 관념을 후대에 전달해 고전 지식에 기초한 르네상스 문화가 만개하는 데 의미 있는 주춧돌을 올린 교량적 인물 정도로 평가되는 주된 이유다. 물론 반드시 그 때문이라기보다는 특유의 겸양 탓이 더 컸겠지만, 살루타티 스스로도 자신이 시인이나 휴머니스트 학자라기보다 '피렌체의 서기장'으로 불리기를 더 좋아했다.

시민은 공화국에 헌신해야 한다

이처럼 살루타티는 휴머니스트 지식인의 역량을 발휘해 도시 공화국에 헌신할 수 있기를 바랐고, 또 그런 시민 혹은 공직자의 삶에서 자신의 정체성을 찾으려 했다. 아마도 이는 그가 30년 남짓의 오랜 기간을 도시의 행정과 외교 문서를 관장하던 피렌체 서기국의 수장으로 일하면서 공동체의 구성원으로 살아간다는 것의 의미를 조금씩, 하지만 확고하게 벼리게 되었다는 점과 무관하지 않다. 1383년 그가 서기국의 동료에게 보낸 한 편지는 이를 잘 보여주는 일화 하나를 담고 있다. 1380년대 초반의 피렌체 사회는 그 어느 때보다 가늠하기 어려운 혼란기를 보내야 했다. 1378년 발생한 모직공 치옴피Ciompi 난의 쓰라린 기억이 여전히 아물지 않은 생채기처럼 남아 시민들 사이의 반목과 의심을 조장하고 있었고, 그에 더해 마치 엎친 데 덮친 격으로 또다시 가공할 만한 흑사병의 공포가 도시를 엄습했기 때문이다.

예의 그렇듯이 피렌체의 유력 인사들은 이 무서운 질병을 피하기 위해 피난 짐을 꾸리기 시작했고, 아마도 그 무리에 서기국의 그 동료 또한 합류했던 듯하다. 살루타티의 편지는 그에 대한 점잖으면서 매우 엄한 책망을 담

15세기 중반 피렌체의 한 필사본에 남아 있는 살루타티의 삽화.
메디치-라우렌치아나 도서관 소장.

고 있다. 혼란과 위험을 빌미로 삼아 도시를 떠나는 것은 공화국의 시민이라면 마땅히 삼가야 할 행동, 즉 "위기의 순간에 조국을 저버리는" 일과 결코 다를 바 없다는 일침이었다. 더구나 그는 공직자였다. 이에 따라 살루타티는 그에게 "정당하지도, 용기 있는 것도, 절제된 것도 그리고 사려 깊지도 않은" 잘못된 행동을 저질렀다고 강하게 질타했다.

이 사례가 잘 보여주듯 살루타티의 삶을 지배한 것은 시민으로서 갖추어야 할 책임의식이었다. 특히 서기장으로 일하면서 그는 밀라노에 맞선 피렌체의 대외전쟁을 전제주의에 대항한 자유민의 투쟁으로 정당화하면서 피렌체 공화국의 대의를 자유라는 이름으로 선전하는 데 앞장섰다. 자유야말로 진정한 '덕의 교사'이자 '법의 어머니'이며, 자유를 통해서만 인간의 덕과 능력이 온전히 고양될 수 있고 자유를 보장하는 법 아래에서만 공익이 보존될 수 있다는 주장이었다. 더욱이 이에 덧붙여 그는 자유가 구가되는 곳에서만 인간의 정신이 끝없이 고양될 수 있고, 그렇기에 공화국의 시민들은 조국의 안위를 위해서라면 목숨마저 초개처럼 바칠 수 있다고 적었다. 이런 그의 입장에서 보자면 "스스로를 지배자라고 믿는 사람은 누구나" 바로 그 신념을 통해 "자기 자신이 커다란 범죄를 저지르고 있음을 자인하는 것과 다름없었다."

적어도 1370년대 후반부터 표출되기 시작한 이 같은 살루타티의 주장, 달리 말해 피렌체의 위상을 보편적인 자유의 수호자로 정립하고 피렌체의 대외전쟁을 전제주의에 대한 자유민의 투쟁으로 재현하는 논리는 당대인들에게 커다란 반향을 불러일으켰다. 살루타티의 이런 선전전에 직면한 밀라노의 전제군주 잔갈레아초 비스콘티 Giangaleazzo Visconti가 그의 서간 한 통이 1,000명의 기병에 맞먹을 만큼의 엄청난 위력을 발휘한다고 한탄하며 그에 대한 암살을 기도했을 정도다.

오늘날의 역사가들이 피렌체의 서기장으로 살루타티가 남긴 여러 서한이나 논고를 피렌체를 위한 '제도 수사학'의 전형으로 간주하는 것도 그런 맥락에서다. 설령 다음 세기에 접어들면서 정치 서간의 중요성이 조금씩 줄어들기 시작했다고 해도 그가 남긴 족적은 여전히 뚜렷하게 감지되었다. 그의 영향을 받은 후대 서기장들이 잘 보여주듯이, 살루타티는 고전으로 무장한 휴머니즘 지식을 현실정치에 접목한 이른바 '휴머니스트 서기장'의 비조였다.

키케로와 카이사르에 대한 달라진 평가

그러므로 '서기장' 살루타티의 피렌체에 대한 옹호에는 '휴머니스트' 살루타티의 해박한 고전 지식과 고전에 대한 감수성이 녹아 있다. 그는 피렌체인들이 자유를 사랑하고 도시 피렌체가 자유를 구가할 수 있는 것은, 그것이 바로 "선조들로부터 물려받은 [도시의] 유산"이기 때문이라고 강조했다. 피렌체는 공화정기의 로마인 술라에게서 유래했다고 주장하게도 된 것도 그 때문이다. 다시 말해 그는 인간 덕의 원천인 자유를 향유하던 공화정기 로마에 주목하면서 피렌체가 공화정 로마를 계승한 '작은 로

15세기 후반 조반니 암브로조 데 프레디스Giovani Ambrogio de Predis가 그린 것으로 추정되는 밀라노의 전제군주 잔갈레아초 비스콘티의 초상화.

마'라고 자부했다. 피렌체의 모든 것을 정당화하기 위해 고대 로마의 역사를 들먹이기 시작했던 셈이다.

그런데 의미심장하게도 이는 휴머니스트 본연의 호기심으로 고전 문헌을 탐구하면서 결국 그것을 통해 도시의 역사적 기원을 추적하는 새로운 관행의 선례가 되었다. 이후 그를 계승한 브루니 같은 피렌체 휴머니스트들뿐만 아니라 피렌체와 줄곧 대립하던 밀라노의 지식인들마저 자신들의 도시가 로마에서 기원했다고 주장하게 되는 것도 살루타티가 모범을 보인 역사적 해석의 호소력 때문이었다.

이를 고려하면 1392년은 살루타티 개인의 생애는 물론이고 르네상스 휴머니즘의 역사에서 매우 중요한 의미를 지니는 분기점이었다. 파도바의 한 성당 도서관에 잠들어 있던 키케로의 낡디낡은 서간집이 발견되었고, 그것의 필사본 하나가 살루타티의 수중에 들어온 것이 계기였다. 이는 그에게 고대인 키케로를 새롭게 마주하는 기회가 되었다. 빛바랜 키케로의 편지들을 읽으면서 살루타티가 스토아주의 철학자가 아니라 정치가이자 시민으로서 낸 키케로의 목소리에 감화되었고, 결국 그 고대인이 대변하는 시민적 삶을 예찬하면서 카이사르를 공화국에 범죄를 저지른 독재자라고 비난하게 되었던 것이다. 역사상의 인물 키케로와 카이사르가 이전과는 다른 시각에서 평가되는 의미 있는 순간이었다.

한마디로 키케로가 시민의 책무를 다한 고대의 모범이라면, 카이사르는 공화국에 범죄를 저지른 반역자였다. 당대인들한테 이미 '키케로의 제자'로 인정받던 살루타티에게 또 다른 명성의 날개가 덧붙여지는 순간이었다. 그리고 그것을 통해 살루타티는 다음 세기 브루니로 대표되는 피렌체의 시민적 휴머니스트들 사이에서 공화주의 역사관과 인간관이 자라나는 토양을 닦았다.

하지만 우리는 살루타티에게서 또 다른 모습의 키케로와 카이사르 역시 찾을 수 있다. "오 키케로, 왜 당신은 아리스토텔레스에게서 배운 것을 부정합니까?" 흥미롭게도 전제도시 밀라노와의 전쟁이 절정으로 치닫던 1400년경, 그는 한 논쟁적인 정치 논고에서 키케로에게 이렇듯 도전적인 질문을 던졌다. 놀랍게도 "정부가 더 나은 이들의 손에 통치되어야 한다는 점이 자연의 이치"라는 설핏 군주주의자의 목소리처럼 들리는 주장을 담아서였다. 더욱이 그는 "오 키케로, 만약 당신의 시대에 한 명의 군주가 존재했다면, 아마도 당신은 [참혹한] 내전과 그토록 커다란 무질서를 경험하지 못했을 것"이라는 말을 덧붙이며, 독재자 카이사르에게 합법적인 군주의 지

위를 부여했다. 공공의 안위와 평화 그리고 공동체의 질
서라는 명분 아래 카이사르를 복권시킨 것이다.

그렇다면 미처 10년도 되기 전 철학자가 아닌 '시민'
키케로의 모습을 발견하고 그에 감화되어 카이사르를
비난했던 살루타티, 더 나아가 자유의 가치를 설파하고
그에 기초해 전제주의 자체를 공격하는 데 거의 전 생애
를 바친 공화국의 수호자 살루타티가 노년에 이르러 중
세적 세계관의 군주주의자로 회귀했던 것인가? 누군가
는 이 점에 기초해 살루타티를 젊은 시절 혈기왕성하게
정치와 사회에 대한 새로운 관념을 제시했지만 새 시대
의 문이 열리게 되면 이내 뒤안길로 사라지게 될 전통적
인 관념에 끝없이 매달린 경계인으로 평가하기도 한다.
시대를 가로지르는 경계선 위에 어정쩡하게 양발을 걸
쳐놓은 야누스 같은 존재라는 해석이다. 하지만 이 야박
한 평가는 이른바 '근대' 공화주의 대 '중세' 군주주의라
는 기계적인 도식 아래 역사적 존재 살루타티를 박제하
는 것과 다를 바 없다. 세인들의 오해처럼 과연 살루타티
는 변절자였을까?

인간을 공동체로 묶는 힘은 시민정신

이와 관련해 우리는 이런 살루타티의 일견 반역적인 주장에 대한 반론이나 불평의 목소리가 당시의 피렌체인들 어느 누구에게서도 나오지 않았다는 사실에 주목해야 한다. 1400년 초 피렌체가 맞닥뜨린 절체절명의 상황을 고려하면, 이는 더욱 모순처럼 보인다. 볼로냐를 제외한 모든 동맹국이 잔갈레아초의 손아귀에 들어가고 피렌체만이 홀로 그에 맞서야 하는 절박한 순간에 바로 이 논쟁적인 논고가 도시를 대표하는 정치논객의 펜에서 나왔기 때문이다. 물론 그러면서도 살루타티와 피렌체인들은 여전히 그 전제군주에 대한 결사항전을 부르짖고 있었다. 이를 고려하면 그의 변화된 주장은 밀라노의

16세기 후반 크리스토파노 델알티시모Christofano dell'Altissimo가 그린 살루타티의 초상화. 우피치 미술관 소장.

파상공세로 최악의 위기에 접어들 무렵 이를 타개하기 위해 개진된 피렌체인들의 현실적인 해결책이었을 가능성도 다분하다. 실제로도 당시의 피렌체 정부는 잔갈레아초에 맞서, 전통적인 피렌체의 정치적 입장이나 정서에 맞지 않는 기벨린Ghibelline의 언어를 빌려 그를 '제국의 반역자'라고 불렀다. 물론 신성로마제국의 힘을 빌리려는 계획의 일환이었다.

카이사르에 대한 변화된 생각 역시 마찬가지다. 살루타티에게는 카이사르가 어떻게 집권했는지가 아니라 그의 집권이 왜 필요했고 정치공동체 로마에 어떤 결과를 가져왔는지가 더 중요한 문제였다. 살루타티에 따르면, 다양한 재능을 소유한 사람들이 모여 사는 커다란 도시에는 서로 다른 생각과 견해들이 충돌할 수밖에 없고, 그 결과 시민들 사이에서는 공동체의 안위를 위태롭게 만드는 갈등과 분열이 뒤따르곤 한다. 카이사르가 살았던 시대가 이를 보여주는 역사의 거울이었다. 그런 맥락에서 그는 카이사르가 내란을 종식시킨 덕에 비로소 '공화국'이 평화와 안식을 얻을 수 있게 되었다고 결론 내렸다. "정복자[카이사르]의 자비와 정의"를 제외하면 공화정 말기의 로마 사회에서 "공화국에 좋은 결과를 가져올 어떤 희망도 머릿속에 그릴 수 없을 것"이라는 놀라운 주장과 함께였다.

오늘날의 우리와 달리 그에게 공화국res publica은 군주정에 반대되는 정치체제가 아니었다. 오히려 정치공동체 자체라는 더 넓은 함의를 지니고 있었다. 그렇다면 살루타티가 덕성 있는 군주에게 복종하는 것이 공화국의 자유를 더 잘 보장할 수 있다고 주장하면서, 공화국이란 무엇인가라는 무게 있는 질문을 던지고 있었던 것은 아닐까? 이 논고가 노년의 학자 살루타티에게 카이사르의 암살자들을 지옥에 위치시킨 단테의 결정이 과연 옳았는지 물은 어떤 젊은 학생의 질문에 대한 답변으로 작성되었다는 점이 예사롭게 느껴지지 않는 것도 그 때문이다. 살루타티는 이 문제적 논고를 시작하면서 "동료 시민들을 위해" 창조되었기에 인간은 결코 홀로 존재할 수 없고, 시민정신을 통해 모든 인간이 하나로 묶일 때 비로소 인간이 인간다울 수 있게 된다고 강조했다.

자신이 얼굴 한 번 본 적 없는 다른 도시의 젊은 학생이 던진 난처한 질문에 답하게 된 것도 결국 그러한 공동체 정신 때문이라는 이야기였다. 하물며 그의 질문이 자신이 존경하던 '동향의 시민' 단테에 대한 평가와 관련된 문제라면, 살루타티는 어떤 식으로든 그에 답해야 했을 것이다. 시민의 공동체 정신이라는 문제와 공화국 피렌체에 대한 애국적 정서가 자신의 응답 속에서 하나로 버무려질 수 있으리라는 믿음에서였다. 이것이 그가 추상적인 정치이론이 아니라 역사적 사실주의의 차원에서 카이사르와 키케로에게 접근한 이유였다. 물론 그 아래에는 자신의 도시 피렌체에 대한 사랑과 도시민의 책임의식이라는 더 무거운 생각이 흐르고 있었지만 말이다. 의미심장하게도 고전 지식에 기초한 르네상스 공화사상의 첫 막은 그렇게 올랐다.

피렌체의 '리비우스',
공화국의 역사를 예찬하다

1429년 봄 밀라노 공작 필리포 마리아 비스콘티Filippo Maria Visconti 앞으로 의미심장한 편지 한 통이 도착했다. 비스콘티 궁정에서 적지 않은 영향력을 행사하던 도시의 대주교 카프라Bartolomeo Capra가 쓴 그 편지에는, 최근 피렌체에서 출판된 '여섯 권의 책'이 피렌체인들의 '영예'를 칭송하고 그와 반대로 밀라노인들이 기둔 모든 '업적을 희석'시키면서 "우리의 군주와 조국을 폄훼하고 있다"는 우려가 담겨 있었다. 카프라가 염두에 둔 것은 옛 친구인 피렌체의 서기장 브루니가 총 열두 권으로 쓴 『피렌체 시민사』의 첫 여섯 권이었다. 그는 이 새로운 피렌체의 역사가 자신이 섬기던 공작 개인뿐만 아니라 조국 밀라노에도 아주 해로운 영향을 끼칠 것이라고 염려했다. 그리고 이를 타개하기 위해서는 밀라노 궁정에도 문학적 재기가 뛰어난 사람이 필요하다고 조언했다. 수사와 과장, 위선과 허위가 난무하던 르네상스기의 정치 세계에서 브루니에 버금가는 문필가를 등용하는 것만이 피렌체의 선전전에 맞선 효과적인 대응책이라는 주장이었다.

15세기 초반의 이탈리아, 특히 피렌체 지성계는 이른바 아방가르드 휴머니스트들의 경연장이었다. 고전고대의 부활을 소명으로 받아들이고 고전 지식의 습득에 매진하던 혈기왕성한 젊은 학자들이, 이전 세대 살루타티의 지적 세례를 받으면서 우후죽순처럼 등장했기 때문이다. 브루니는 그들 가운데 단연 돋보이는 선두주자였고, 자연스럽게 이후 당대 최고의 휴머니스트이자 베스트셀러 작가로 성장했다. 더욱이 그는 선배 서기장의 뒤를 이어 오랜 기간 피렌체의 공직자로 일하면서 공동체에 대한 기여와 덕성을 강조하는 새로운 시민적 윤리의식과 피렌체 공화국의 정치체제를 옹호하는 여러 논고를 저술하기도 했다. 무엇보다 그는 개인이 누려야 할 사적 권리보다 공동체에 대한 시민의 기여와 덕성을 강조하면서, 대내적으로는 피렌체인들의 정치 참여를 독려하고 대외적으로는 피렌체의 독립과 자유를 소리 높여 주장했다. 이것이 오늘날 브루니가 초기 르네상스 최고의 '시민적 휴머니스트'이자 '공화주의 정치사상가'로 조명되는 주된 이유다.

하지만 당대인들은 그를 다른 무엇보다 역사가로 기억하고 평가했다. 1444년 그가 사망했을 때 그를 기리기 위해 도시 당국의 의뢰로 제작된 석관에도 이와 같은 역사가의 모습이 단연 도드라진다. 오늘날 피렌체의 산타크로체 교회에 안치되어 있는 이 석관 위에는 머리에 화관을 두르고 편히 눈을 감은 채 잠들어 있는 그의 모습이 조각되어 있다. 거기에는 브루니가 자신의 가슴 위에 어떤 책을 소중하게 품고 있는 모습이 재현되어 있다. 그 책이 바로 『피렌체 시민사』다. 또한 석관 아래에 새겨진 명문 역시 그 점을 웅변한다. 그 명문에는 브루니가 죽으면서 그리스와 로마의 모든 뮤즈가 흐르는 눈물을 멈출 수 없게 되었고, 이제 아름다운 웅변의 이상마저 지상에서는 찾아볼 수 없게 되었으며, 그 결과 "역사가 비탄에 빠졌다"는 망자에 대한 화려한 헌사가 또렷이 새겨져 있다.

(왼쪽) 베르나르도 로셀리노Bernardo Rossellino가 1444년 피렌체 도시 당국의 의뢰로 제작한 레오나르도 브루니의 석관. 오늘날 피렌체의 산타크로체 교회에 안치되어 있다.

브루니 석관의 세부묘사.

현재를 위해 인간의 업적을 되살리는 역사서술

그렇다면 당대 어느 누구나 공인하던 최고의 고전학자 이자 피렌체의 애국자였던 브루니에게 역사란 과연 무 엇이었을까? 이미 1410년대 중반부터 브루니는 휴머니스트 본연의 해박한 고전 지식에 기초해 고대 역사가들의 저작을 두루 읽고 그들과는 다른 시각에서 로마의 역사를 해석하기 시작했다. 그리고 그 결과 그는 이른바 '근대' 역사가의 면모를 조금씩 갖추어나갔다. 다양한 자료를 섭렵한 후 그것들을 비판 없이 그대로 받아들이기보다 자신의 관점에 맞추어 선택하고 조합해 자신만의 이야기를 만들려고 시도했던 것이다. 『피렌체 시민사』의 서문에서 자신만만하게 적었듯이, 그는 "길게 연결된 내러티브, 개별 사건들에 대한 인과적 해석, 모든 주제에 대한 역사가의 판단과 그에 대한 공적 표현"이 한데 어우러질 때 비로소 그것을 올바른 역사서술로 간주할 수 있다고 믿었다.

1414년께 플루타르코스의 번역에 매진하던 고전학자 브루니가 이 고대 역사가의 서술에 무언가 불만을 느끼면서 새롭게 쓴 키케로에 관한 전기 『신新키케로』는 바로 그와 같은 조숙한 역사인식이 드러난 첫 사례였다. 그리고 그 결과 도덕적 관점에서 조명된 플루타르코스의 키케로와 달리 세속적이면서도 지극히 정치적인 인간 키케로가 그의 펜 끝에서 탄생했다. 물론 이 같은 브루니의 탈도덕적 역사서술에는 자기 시대의 정치 현안에 대한 성찰과 그에 대한 대안을 찾으려 고심한 피렌체 애국자의 시민적 감수성이 스며들어 있다. 비슷한 시기에 쓴 『1차 포에니 전쟁 주해』도 마찬가지다. 그는 리비우스의 저작 가운데 이 사건에 대한 기술이 전해오지 못하는 것에 대해 아쉬움을 표하며, 자신이 그 공백을 메우려 했다고 적었다. "선조들의 영예를 기리기 위해, 그들의 위업과 관련된 찬란하고 위대한 기록들이 소멸되지 않도록, 공공의 선을 위해 그 전쟁에 관한 주석을 다는" 것이 자신의 목적이라는 이야기였다. 그렇다면 브루니의 역사 서술은 한편에서는 합리적이고 비판적인 방법론을 제시하면서도, 다른 한편으로는 지극히 편파적인 피렌체인의 정치적 편견을 담고 있다고 해도 무리는 아니다.

그러므로 모범적인 피렌체 시민을 자처하던 브루니에게는 피렌체인들의 역사를 기술하는 것이 피렌체가 이룬 모든 것, 그 가운데에서도 특히 도시의 정치적 경험을 일관된 관점으로 예찬하는 일이나 마찬가지였다. 그가 근대사에 유독 많은 관심을 기울인 것도 그 때문이었다. 브루니는 『피렌체 시민사』를 시작하면서 자신의 "시대가 거둔 위대한 업적을 칭송하고, 또 그럼으로써 망각과 운명의 힘으로부터 그것을 구해내기" 위해 이 책을 썼다고 호기롭게 적었다. 과거의 사건은 동시대 피렌체인들의 경험을 비추는 준거이자 거울이고, 따라서 그것에

관한 역사적 기술은 당연히 자신의 시대 피렌체의 정치
적 행보를 옹호하는 수단이 되어야 한다는 생각의 발로
였다. 오늘날의 한 역사가의 지적처럼 역사가이자 고전
학자로서 브루니가 천착한 것은 "현재 속에서 그리고 현
재를 위해 어떻게 과거를 재현할 것인가"의 문제였던 셈
이다. 달리 말해 브루니는 현재와 맺는 관련성 속에서 과
거를 해석하려 한 역사의식의 소유자였고, 따라서 그에
게는 과거의 사실만큼이나 그에 대한 재현 역시 중요할
수밖에 없었다.

자유 수호라는 명분으로 전쟁 정당화

카프라의 편지는 이 같은 브루니 역사서술의 특징을 비
추는 거울이 될 만하다. 1427년 생애 두 번째로 서기장
으로 임명된 이후부터 1444년 삶을 마감할 때까지 브루
니는 피렌체의 외교문서를 관장하는 공적 임무를 수행
했고, 그 결과 당대인들에게는 그가 저술한 피렌체의 역
사가 곧 피렌체인들의 '공식' 역사로 간주되었다. 특히
서기장으로 임명된 직후 그가 최근 대對밀라노 전쟁에
서 사망한 피렌체의 장군을 기리는 유명한 추도사를 써

17세기 필사본의 삽화로 남아
있는 브루니의 측면 초상.
트렌토 공립도서관 소장.

서 피렌체인들의 애국심을 고취하려 했다는 점을 고려
하면, 카프라의 근심 어린 속내는 더더욱 이해할 만하다.
피렌체와 자웅을 겨루던 밀라노의 입장에서는 브루니가
쓴 최근의 역사저작들이 경쟁국 피렌체를 옹호하는 정
치적 선전물이나 진배없었기 때문이다. 당대 최고 문인
으로 칭송받던 브루니가 동시대인들에게 끼친 지적·문
화적 영향력을 염두에 둔다면, 분명 카프라가 우려했듯
이 밀라노 궁정을 감돌던 위기감은 그저 빈말만은 아니
었을 것이다.

　밀라노와 벌인 숙명적인 결투는 토스카나의 작은 도
시 아레초 출신 브루니가 피렌체에서 수학하기 시작한

14세기 말부터 줄곧 피렌체의 존립뿐만 아니라 르네상스 초기 이탈리아의 정치적 지형을 결정한 중요한 변수였다. 이런 위험한 상황 속에서 그는 밀라노와 피렌체 사이의 최근 전쟁을 전제정의 "극단적인 야심과 지배욕, 제국을 확장하려는 가늠할 수 없는 갈망"에 맞선 자유민의 투쟁으로 묘사했다. 밀라노에 대한 피렌체의 저항이 "자유 도시에 태어난 이들이 굴종"을 견딜 수 없어 "자유를 수호"하기 위해 분연히 일어난 영예로운 일이라는 해석이었다. 그렇기에 브루니에게는 스승이자 선배인 앞세대의 살루타티처럼, 옛 로마 세계가 이런 동시대 피렌체의 경험을 반추하는 역사의 거울이자 교훈으로, 특히 '공화국' 로마가 자유공화국 피렌체의 모범적인 선조로 받아들여졌다.

15세기의 유명한 서적상 베스파시아노가 당대의 유명 인사들에 대한 열전을 저술하면서, 비록 피렌체에서 태어나지는 않았지만 브루니가 그 꽃의 도시를 진정한 '조국'으로 생각하고 그 도시를 위해 헌신한 모범적인 시민이었다고 평가한 것도 그런 이유에서였다. 특히 베스파시아노는 "우리는 저명한 저술가, 특히 리비우스가 로마를 어떻게 칭송했고" 또 그 덕분에 어떻게 "로마의 명성이 유지될 수 있을지에 대해 잘 알고 있다"고 말하며, 설령 피렌체인들의 위업이 로마인들의 위업과 비교될 수 없을지 몰라도, 로마를 위해 리비우스가 그랬듯이 브루니가 "온힘을 다해 진실을 왜곡하지 않고 피렌체인들의 명예를 높이기 위해 노력"했다고 칭송했다. 물론 서적상이자 도서 제작자였던 베스파시아노와 최고의 베스트셀러 작가 사이의 설명하기 어려운 끈끈한 이해관계, 그리고 피렌체의 지식인 공동체 세계에 은밀히 흐르던 모종의 유대관계가 이런 높은 평가에 알게 모르게 작용했을 것이다.

하지만 설혹 그렇다고 해도, 우리에게는 베스파시아노가 오늘날의 일반적인 생각과는 달리 정치사상가, 고전학자, 문인이라기보다 '피렌체인을 위한 역사가'로 브루니를 평가했다는 점이 더욱 의미 있게 다가온다. 이는 브루니 스스로도 마찬가지였다. 그는 리비우스가 로마인의 역사를 기술했듯이, 자신은 피렌체인의 역사를 기술한다고 자부했다. 자신이야말로 피렌체의 '리비우스'라는 생각이었다. 고대의 역사가 리비우스가 로마인들의 역사를 기술해 조국 로마가 영원히 기억되도록 했듯이, 역사가로서 자신은 도시의 기원부터 최근 밀라노와 벌인 '가장 위대한 전쟁'에 이르기까지 피렌체의 역사를 서술함으로써 피렌체와 피렌체인들의 명예를 드높인다는 자의식의 표출이었다.

하지만 피렌체와 경쟁하던 밀라노 측의 주장에서 되풀이되어 나타나듯이, 로마의 후손을 자처하면서 자신의 정치적 행보에 정당성을 부여하는 브루니의 주장은 당대의 다른 도시민들 사이에서 이미 잘 알려진 피렌체 진영의 정치적 상투어나 다름없었다. 그런 맥락에서 브루니는 15세기 전반 피렌체가 인근 도시 피사나 볼테라 등을 정복하기 위해 벌인 일련의 전쟁을 자유의 수호라는 그 상투적인 관념을 이용해 정당화했다. 게다가 그는 "처음 피렌체를 건설한 이들은 세계의 영주였고 정복자였던 로마인"이었으며, 따라서 로마인들에게서 비롯된 모든 것을 소유하는 것이 당대 피렌체인들의 당연한 '세습적 권리'라고 거리낌 없이 노래하곤 했다.

이는 분명 로마의 세계 지배를 역사적 명분으로 삼아 그 후손인 피렌체의 세계에 대한 지배권을 정당화하려는 의도였다. 일견 제국주의적인 피렌체의 팽창이 공화정기 로마의 세계 지배와 비교되면서 국가의 명예를 드높이는 일로 해석된 것이다. 역설적이긴 하지만 밀라노 편에 섰던 다른 도시의 시민들이 밀라노의 피렌체 침공을 피렌체라는 '제국'에 맞선 일종의 해방전쟁으로 환영한 것도 바로 그 때문이다.

16세기 말에서 17세기 초에
제작된 브루니의 초상화.
워커 아트 갤러리 소장.

역사는 정치의 중요한 토대

브루니는 분명 피렌체와 피렌체인들을 위한 정치적 이데올로그의 역할을 마다하지 않았다. 이것이 바로 비판적으로 자료를 읽고 해독하는 '근대적 역사가'라는 베일 너머에 은밀히 본색을 숨기고 있는 역사가 브루니의 진면목일지도 모른다. 다시 말해 그는 15세기 초반의 정치적·문화적 지평 위에서 특정한 목적 아래 역사를 기술했고, 그 때문에 그의 역사서술은 누군가에게는 일종의 정치적 지침서이자 선전물이 될 수 있었다.

하지만 어쩌면 그것은 비단 그만의 문제가 아니었을 것이다. 16세기 초반의 마키아벨리가 예증하듯이, 르네상스 시대의 정치사상가들은 역사와 정치를 불가분의 관계로 생각했다. 중요한 정치 현안과 관련된 의제나 자신들이 봉착한 문제들 속에서 그들의 역사의식이 벼려졌고, 또 그렇기에 특정 정치사상이 그들의 역사서술이나 인식에 뚜렷이 반영되곤 했기 때문이다.

특히 고전 학문의 부활과 함께 피렌체에서는 역사가 모든 정치적 사고의 중요한 토대가 되었는데, 브루니는 바로 그러한 전통의 진정한 시작점이었다. 그에게 역사가 하나의 '단일한 이야기monograph'일 수밖에 없는 것도 바로 그 때문이다. 또한 바로 그 점에서, 물론 여러 이견이 있을 수도 있지만, 우리는 그의 역사서술에서 이른바 '공화주의'의 향취를 느끼게 된다. 한마디로 브루니는 '피렌체를 위한 피렌체의 역사가'였다.

그런데 흥미롭게도 이와 같은 브루니의 면모는 그를 피렌체 지성계의 떠오르는 샛별로 각인시킨 15세기 초의 출세작 『피렌체 찬가』에서 이미 드러나 있었다. 밀라노와 치르던 전쟁이 절정으로 치달을 무렵 그가 수사적 연설문의 형식을 취해 피렌체의 독립과 자유를 옹호했기 때문이다.

어쩌면 역설적으로 들릴 수도 있다. 인생 말년에 접어든 1440년, 브루니는 피렌체의 모든 것을 예찬한 이 초년 시절의 작품이 과장과 수사로 가득 차 있다는 저간의 비판에 대한 소회를 한 친구에게 적어 보냈다. 그리고 거기에서 그는 "역사가 진실을 추구해야 한다면 송가는 진실 너머의 많은 것을 칭송해야 한다"고 이야기하며, 그 비판을 담담하게 받아들였다. 산전수전 다 겪은 노지식인의 겸양은 결코 아니었다. 겉으로 드러나는 언명과 달리, 실제로 그에게 있어 피렌체에 대한 역사서술과 피렌체를 예찬하는 수사적 송가 사이에는 큰 차이가 없어 보이기 때문이다. 피렌체의 애국자 브루니에게 역사는 언제나 "우리를 더욱 현명하고 정숙하게 만드는" 생의 교사였고, 궁극적으로는 조국 피렌체에 바치는 헌사이자 송가였던 셈이다. 모범적인 피렌체의 시민은 그렇게 그 꽃의 도시를 위한 리비우스가 되었다.

전투적 고전주의자,
르네상스의 문을 열다

15세기 초반 어느 토스카나 농촌 마을의 풍경이다. 오랜 시간 땅속 깊이 묻혀 있던 무언가가 힘겹게 밭을 갈던 농부의 쟁기부리에 채이기 시작했다. 언제 만들어졌는지 알 수 없는 부서진 그릇이나 녹슨 쇳조각 따위였다. 운이 좋을 때는 조금이라도 본모습이 남아 있는 대리석 조각상이나 값나가 보이는 옛 동전, 혹은 작은 메달 등이 눈에 띄는 경우도 있었다. 불과 얼마 전까지만 해도 그저 내팽개쳐지거나 녹이거나 부수어 담장을 수리하는 데나 쓰였을 쓸모없는 물건들이었다. 하지만 이제 그는 횡재라도 한 듯 그것들을 깨끗이 닦고 누군가에게 가져가려 한다. 피렌체의 그 '괴짜'라면 볼품없어 보이는 그런 하찮은 물건들에조차 틀림없이 후한 값을 쳐줄 터였다.

마치 중요한 유물이나 유적이 우연히 발견되는 흥미로운 일화를 연상시키는 장면이다. 하지만 이것은 15세기 초반 피렌체에서 살았던 한 인물과 관련해 우리에게 전해오는 이야기다. 그가 바로 긍정적이든 부정적이든 초기 르네상스 고전주의의 화신으로 일컬어지는 니콜리다. 니콜리는 먹고 마시고 입고 생활하는 그런 평범한 일상에서조차 고대인들의 관습을 그대로 따르려 한, 말 그대로의 호고주의자였다. 이 때문에 심지어 당대인들에게조차 그는 단순히 고대를 숭모하고 부활시키려는 것을 넘어 이미 스스로가 '고대인'이라도 된 것처럼 낯설고 불편한 행동마저 주저하지 않는 기이한 인물로 비치기도 했다.

하지만 이런 일화를 넘어서면 역사가들에게 니콜리는 그 누구보다 신비의 베일에 뒤덮인 수수께끼 속 주인공이다. 당대의 수많은 사람이 그에 관해 이야기했지만, 실제 그가 직접 남긴 문헌이나 기록은 한 줌도 되지 않기 때문이다. 니콜리는 그저 동시대인들의 문학 저작이나 도덕 논고, 그들 사이에 오고간 서간들이나 이런저런 설전들 속에서 자신의 모습을 어렴풋이 드러내고 있을 뿐이다. 하지만 그렇다고 해서 그를 르네상스 지성에 관한 우리의 긴 이야기에서 한낱 주변적인 인물로 제쳐놓기도 어렵다. 고대의 서적과 글에 대한 그의 관심은 당대 어느 누구의 추종도 불허했고, 그 때문에 다른 이들의 글 속에서 그는 언제나 무모하리만치 앞뒤가 꽉 막힌 고전주의자로 등장하기 때문이다. 책을 읽고 글을 쓰는데 방해될까 걱정스러워 결혼조차 하지 않았다는 니콜리의 이야기는 설혹 그 진위를 확인할 방도가 없다고 해도 이 깐깐한 고전학자의 성정을 그대로 보여주는 징표일지 모른다.

유럽 언어 소문자체의 기원 '휴머니스트 서체' 개발

이런 맥락에서 흔히 니콜리는 고전에 기초한 새로운 문화운동인 르네상스의 문을 연 정신적 원동력이자 그것의 면면을 흐르는 고전주의 전통의 확립자로 평가되곤 한다. 니콜리는 부유한 상인 가문의 첫째로 태어났지만 물려받은 대부분의 재산을 고대의 유물들을 찾고 구입하는데 탕진해버렸다. 그 결과 오래된 화병, 고대의 명문과 지도, 그리고 고색창연한 조각상 등이 마치 시간을 뛰어넘은 듯 그의 집을 화려하게 장식하고 있었다고 한다. 그의 집을 방문한 당대의 한 인사가 감탄조로 이야기했듯이 당시 피렌체의 어느 집도 그토록 아름답게 꾸민 곳은 없었다. 마치 스스로가 로마의 귀족인 양 자주색 외투를 걸쳐 입곤 했던 니콜리가 자신의 집마저 로마 귀족의 집처럼 꾸며놓았던 탓이다. 이제 막 르네상스 고전주의가 싹을 틔우던 피렌체에서 그의 집은 그러한 고대 세계가 만개한 '홀로그램' 속의 가상 세계였다. 그 결과 당대의 피렌체인들 사이에서는 만약 니콜리의 집을 보지 못했다면 그것은 곧 이 휴머니즘의 도시를 온전히 맛보지 못한 것과 다를 바 없다는 이야기가 회자될 정도였다.

니콜리가 고대의 모든 것 가운데 가장 아낀 것이 바로 '책'이었다. 특히 그는 고전 학문의 부활을 위해서는 무엇보다 책이 필요하다는 점을 절감하고 고대의 문헌들을 찾고 발굴하는 데 자신의 모든 삶을 바쳤다. 이처럼 오래된 문헌이나 유물들을 찾고 사들이는 데 모든 것을 쏟아부은 결과, 만년에 이르러서는 주변의 도움으로 생계를 꾸려갈 수밖에 없었다고 한다. 희귀한 고서를 찾아 유럽 곳곳을 뒤진 당대의 유명한 '책 사냥꾼' 포조를 지적·정서적 차원에서 응원하고 그에게 이런저런 조언을 아끼지 않은 것도 책에 대한 사랑 때문이었다. 물론 포조 또한 자

신이 찾은 고대의 책들을 니콜리에게 보내면서 피렌체를
차츰차츰 르네상스의 수도로 가꾸어나갔다. 당대를 대표
하는 두 고서 탐식가의 더할 나위 없는 공조였다.

하지만 그렇게 찾아낸 책들은 여전히 만족스럽지 못했
다. 오랜 시간 망각 속에 묻혀 있었기에 판독조차 어려울
만큼 이곳저곳이 훼손된 경우가 허다했고, '무지한 중세
필경자들'의 손에서 고전 라틴어가 오용되기도 했던 탓
이다. 그렇다면 올바른 철자법과 고전 문법에 기초해 과
거의 사본들을 바로잡아야 했고, 시대를 거치면서 잘못
옮겨진 내용들 또한 정확한 고대의 역사와 사실에 맞추
어 올바르게 수정되어야 했다. 니콜리는 단연 이 분야의
최고 전문가였다. 당대 최고의 휴머니스트로 손꼽히는 브

15세기 초반 포조가 발굴한
루크레티우스의 『사물의
본성에 관하여』를 니콜리가
필사한 사본. 니콜리의 필체가
잘 드러나 있다.

루니조차 한때 니콜리를 적어도 라틴 문학에 관한 한 권위 있는 '심판자'요 '비판가'로 인정하고 그의 권위를 그대로 받아들일 정도였다. 철저한 고전주의자로서 니콜리는 고전 라틴어의 어법과 확인된 고전 지식에 입각해 오용되고 훼손된 필사본들을 읽을 수 있는 텍스트로 손질했다.

또한 책은 누구나 판독할 수 있는 것이 되어야만 했다. 이런 그에게 당대의 필사본에 남아 있던 고딕 스타일의 서체는 읽기 어려운 무지의 산물 그 자체였다. 일찍이 페트라르카는 이런 중세의 필체가 정신을 혼미하게 만드는 어지러운 그림과 다를 바 없다고 조롱하며, 심지어 그것을 쓴 필경사조차 자신이 옮겨 적은 글들을 제대로 읽을 수 없었을 것이라고 비판한 바 있었다. 니콜리의 생각도 마찬가지였다.

특히 니콜리에게는 여백조차 남기기 않은 채 빽빽하게 지면을 채우는 데만 급급해 보이는 중세의 서체, 그리고 자신들만 알아볼 수 있도록 겹쳐 쓰거나 마치 난독부호처럼 명기된 중세 필경사들의 고약한 버릇이 더더욱 못마땅하게 느껴졌다. 이에 따라 그는 포조와 함께 고대의 명문과 서책을 분석하면서 누구나 읽을 수 있는 새로운 글씨체의 개발에 힘썼고, 그 결과 오늘날 이른바 '휴머니스트 서체'로 불리는 새로운 필체가 탄생했다. 니콜리가 직접 남긴 한 줌의 문헌에서 우리는 오늘날 대부분 유럽 언어에서 쓰이는 소문자체가 바로 거기에서 기원했다는 점을 어렵지 않게 확인할 수 있다.

수도원에 기부한 장서가 공공도서관으로 부활하다

발굴되고 교정되고 또 새롭게 쓰인 책은 이제 읽혀야 한다. 니콜리는 자신이 모은 책들을 학문에 관심이 있는 이라면 누구나 이용할 수 있게 했다. 그가 피렌체의 젊은이들을 자신의 집에 자주 초대한 이유도 그 때문이었다. 이는 그가 특유의 호고적 관심으로 여기저기에서 모은 고서와 문헌들이 대리석 조각에서 작은 세공품에 이르는 온갖 유물들과 함께 그의 집을 빼곡히 채우고 있었기에 가능한 일이었다. 이런 가상의 고대 세계에서 그는 함께 책을 읽고 토론하도록 젊은이들을 고무했으며, 그들에게 기꺼이 소중한 책들을 빌려주기도 했다. 이를 염두에 두면, 당대의 한 인사가 니콜리를 "피렌체에서 가장 박학다식한 시민"이요, 고전주의 휴머니즘의 '아버지'이자 '보호자'라고 칭송한 것은 그저 빈말만은 아니었을 것이다.

그런 노력의 결과, 1439년 그가 사망했을 때 누군가에게 빌려준 200여 권을 포함해 대략 1,000여 권의 장서가 남았다. 죽기 전 그는 유언장을 남겨 자신의 책들이 한 개인의 소장물이 아니라 공공의 자산이 되어야 한다는 뜻을 분명히 밝혔다. 그는 산마르코 수도원의 도서관에 모든 책을 기증하고, 코시모 데 메디치와 브루니 그리고 포조 등이 포함된 특별위원회의 책임 아래 학문을 사랑하는 모든 이가 그것들을 이용할 수 있기를 바란다는 유지를 남겼다. 살아생전 그랬듯이, 관심이 있는 사람이라면 누구라도 자신의 책들을 아무런 불편 없이 이용할 수 있어야 한다는 생각에서였다.

베스파시아노가 당대인들에 대한 열전을 기술하면서 니콜리를 영웅적인 인물로 칭송한 것도 바로 그 점 때문이었다. 베스파시아노는 독자들에게 이런 니콜리의 삶을 학문과 문화의 발전을 꿈꾸는 이 세상 모든 사람을 위한 "본보기로 받아들여달라"고 노래했다. 그의 추도사를 쓴 오랜 친구 포조 역시 마찬가지였다. 그 또한 웅변술을 비롯한 여러 고귀한 기예를 위한 '공공도서관'이 만들어지면 학문과 문화의 발전에 얼마나 큰 도움이 되겠느냐고 소리를 높이며, 그것을 위한 토대를 놓은 니콜리의 정신을 다른 무엇보다 높이 예찬했다.

그 결과 몇 해 지나지 않아 산마르코의 도서관이 문을

피렌체 산마르코 수도원의 도서관.

열었고, 그것을 기념하기 위한 명판에는 코시모 데 메디
치의 후원 덕분에 니콜리의 장서들이 이곳에 소장되었

다는 글귀가 새겨졌다. 고대 이래 서양의 역사에서 처음으로 공공도서관이 부활하는 의미 있는 순간이었다. 오늘날 세계 곳곳의 르네상스 역사가들이 모여드는 메디치-라우렌치아나 도서관이 바로 그곳에서 기원했다는 점은 그 의미를 더욱 배가시킨다.

르네상스기의 지식인들은 고전고대의 부활을 염원했다. 하지만 엄밀히 말하자면, 그것은 책이라는 타임캡슐의 도움 없이는 결코 도달할 수 없는 고상한 꿈에 불과했다. 이를 고려하면 빛바랜 고서들의 가치를 깨닫고 그것들을 어둠 속에서 구출했으며, 또 모두가 이용할 수 있도록 길을 터준 니콜리는 분명 르네상스의 이상을 가장 충실하게 실천한 초기 르네상스의 주인공이었다. 르네상스가 다른 무엇보다 책과 함께 시작했고 고전이라는 책을 중심으로 전개된 글과 말의 향연이었다는 점을 고려하면, 우리는 분명 르네상스 지성의 역사에서 니콜리를 빼놓을 수 없다. 분명 같은 맥락에서일 테다. 긍정적인 의미에서든 부정적인 차원에서든, 오늘날의 역사가들은 니콜리가 고집불통이라고 불러도 전혀 손색없는 극단적인 고전 애호가였다는 점에서는 결코 의견을 달리하지 않는다.

'얼굴 없는 황제'에 대한 엇갈린 평가

하지만 당대인들 사이에서는 그의 맹목적 고전주의에 대한 엇갈린 평가 또한 적지 않았다. 자신의 시대를 학문과 문화가 퇴조한 암울한 시대로 해석하면서 니콜리가 당대의 모든 것을 부정하는 이른바 퇴행적인 '거부의 윤리'로 빠져든 무책임한 인물로 비친 탓이다. 브루니의 초기 저작에 나타난 니콜리의 모습이 대표적이다. 여기에서 그는 자신의 시대가 목격하고 있듯이 스콜라주의로 대변되는 중세 '학문의 폐해'와 한 줌도 되지 않는 지식의 보고인 '책의 부재'가 올바른 학문에 이르는 모든 길을 막고 있다고 신랄하게 꼬집는다. 그에게는 고대의 세계가 이런 암울한 근대 세계에서 벗어나는 도피처였다. 또한 그렇기에 이탈리아 문학계의 세 왕관들 역시 그의 날선 독설을 피해갈 수 없었다. 그의 독설은 고전에 무지하다는 단테에 대한 가혹한 힐난, 베르길리우스나 키케로 그리고 테렌티우스 등의 고대 시인이나 웅변가들과 비교하면 페트라르카와 보카치오의 문학적 기예가 한낱 치기 어린 장난 같아 보인다는 조소 등이었다.

결국 그 때문이었다. 니콜리는 오직 고대만을 그리워하고 숭상하는 극단적 호고주의자, 고대의 문학적 관행만이 옳다고 생각하고 그것을 그대로 답습하려는 '전투적인 고전주의자'의 길로 들어섰다. 그래서였을까? 니콜리는 고전 라틴어나 고대 지식과 관련된 문제가 제기될 때마다 타인의 글을 읽고 그들의 무지를 거세게 비판하면서도, 실상 그 자신은 아무런 작품도 쓰지 못한 역설적인 존재가 되어버렸다. 평생 그의 편에 섰던 포조는 이것이 스스로 세워놓은 높은 학문적 기준을 충족시킬 수 없었기 때문에 발생한 윤리적 선택의 결과라고 옹호했지만, 다른 이들에게는 말만 그럴싸한 아마추어 고전주의자의 지적 허영일 뿐이었다. 더욱이 학문 활동을 명분 삼아 피렌체의 상인이라면 마땅히 맡아야 하는 공적 활동도 일절 하지 않으려 한 그의 태도는 더욱 문제였다. 시민의 삶을 지식인의 삶과 결합하려 노력한 스승 살루타티와 동시대의 브루니에게는 이런 니콜리의 태도가 같은 시대를 살아가는 참된 지식인의 시민적 책임을 저버린 이기적 행동으로 간주되었던 것이다.

심지어 누군가는 니콜리가 책을 수집하기만 할 뿐 읽지 않았다고 냉소하기도 했다. 피렌체 최고의 지식인이라는 후광은 그저 신기루에 지나지 않는다는 혹평과 다를 바 없다. 두말할 나위 없이 1430년대의 한 지식인이 그를 '우티스Utis', 즉 아무것도 아닌 자라는 별명을 붙여 조롱한 것도 그런 맥락에서였다. 고상한 이상을 제시하고 그에 맞추어 모든 삶을 재단하려 했지만, 결코 아무것도 이루지 못한 허상이 바로 니콜리라는 이야기다. 극단적이고 전투적인 고전주의자 니콜리는 이렇게 스스로 만들어놓은 엄격한 규칙만을 고집하다가 결국은 아무것도 해내지 못했다.

하지만 어쩌면 우리는 바로 이런 니콜리의 모습에서 이후 르네상스기의 지식인들이 봉착하게 될 의미심장한 딜레마를 목격하고 있는지도 모른다. 그들에게 과연 고전은 암울한 현실의 도피처였을까, 아니면 그 현실을 성찰하는 거울이었을까? 니콜리가 명성을 떨치던 15세기 전반의 피렌체에서, 어쩌면 휴머니즘과 관련되어 이 같은 새로운 질문들이 부상하고 있었을지도 모른다. 당대에도 그리고 지금도 니콜리는 베일 너머에 몸을 감추고 있다. 하지만 르네상스 지성을 이해하려는 이라면 누구라도 그 베일을 들추어야만 한다. 적어도 초기 르네상스에 관한 한 '우티스' 니콜리야말로 그 세계의 '얼굴 없는 황제'였기 때문이다.

격동의 시대,
조숙한 역사주의자를 낳다

벌써 마흔을 훌쩍 넘긴 포조는 교황청 비서라는 격무 속에서도 시간이 허락하는 한 젊은 시절 그랬듯이 고대의 흔적들을 찾아다니며 크고 작은 유물이나 문헌 등을 수집하고 필사하는 답사 여행을 게을리 하지 않았다. 이번에는 로마 근교의 오래된 성곽에 올라 그곳에 남아 있던 고대의 명각들을 훑어보는 것이 목적이었다. 그런데 무너진 성곽 주위를 돌아보던 중 포조는 우연히 한 무리의 젊은 여성들을 만나 그들과 함께 시간을 보내는 즐거운 경험을 하게 되었다. 예기치 못한 그들과의 가벼운 술자리로 하루를 마감하게 된 것은 그 즐거움에 보태진 또 다른 덤이었다. 모종의 경로를 통해 니콜리에게 이 소식이 전해졌다. 예상할 수 있듯이 완벽주의자를 자처하던 니콜리에게 이는 분명 눈살을 찌푸리게 만드는 일이었다. 이에 그가 포조의 처신이 나이와 지위에 걸맞지 않게 부도덕했다고 차갑게 책망했던 듯하다.

하지만 포조에게 이는 소소한 일상에 불과한 가벼운 일탈로 생각되었다. 따라서 그는 오랜 친구이자 선배인 니콜리에게 자신의 경험을 비교적 소상히 알리며 스스로를 변호하는 편지를 써서 보냈다. 1428년 늦가을 지천명을 얼마 남겨두지 않은 때의 일이었다. 언제나 진지할 뿐만 아니라 모든 것을 고매한 도덕 기준에 맞추어 평가

포조가 1447년에 쓴 도덕 논고
『운명의 가변성에 관하여』의
15세기 필사본에 삽화로
표현된 그의 초상.
바티칸 도서관 소장.

하는 니콜리에게 자신은 그와 다르다는 점잖으면서도 재치 넘치는 항변을 담고 있기 때문이다. 그는 니콜리에게 할 수만 있다면 "뿔 달린 버펄로나 야생 황소"가 아니라 "예쁘장한 외모의 어린 소녀들"과 시간을 보내며, 그들 곁에서 그들의 환한 응원을 받으면서 고대의 "명문들을 옮겨 적고" 싶다는 솔직한 속내를 털어놓았다. 15세기 전반의 이탈리아를 풍미한 지식인 가운데 포조만큼 다양한 평가를 받는 인물도 흔치 않다. 일견 가벼운 일상에 관한 두 친구의 서로 다른 생각을 전하고 있는 이 편지는 이런 그의 삶을 이해하는 흥미로운 창이라 할 만하다.

포조는 1380년 아레초 근교의 작은 마을 테라누오바에서 태어났다. 10대 후반 청운에 뜻을 두고 피렌체로 왔을 때 그가 자랑할 수 있는 것은 뛰어난 손글씨 실력 하나뿐이었고, 그의 주머니에는 그저 단돈 몇 푼밖에 없었다고 한다. 하지만 그의 아름다운 필체는 이내 살루타티의 눈에 들었고, 그 결과 그 피렌체 서기장의 후원 아래 포조는 휴머니스트 학자의 길로 들어섰다. 그가 당대의 가장 유명한 '책 사냥꾼'이자 전투적인 고전주의자로 성장하게 되는 첫 문은 그렇게 열렸다. 하지만 다른 한편으로 그는 다양한 도덕 논고를 저술해 적지 않은 풍파를 일으킨 당대 최고의 논쟁꾼이자 성마른 지식인이기도 했다. 아무튼 오늘날 그가 태어난 고향이 그의 이름을 따서 '테라누오바 브라치올리니'로 개명될 만큼 포조는 15세기 전반 최고의 유명 인사 가운데 하나였다.

바덴에서 목격한 자유로운 성 관념

흥미롭게도 1428년의 이 편지는 약 10여 년 전인 1416년 그가 니콜리에게 보낸 또 다른 유명한 편지의 후속편처럼 보인다. 14세기에서 15세기의 문턱을 넘어서던 유럽 세계는 오늘날 우리가 생각하는 것 이상의 긴장된 시간을 보내야 했다. 특히 세속 권력과 힘겨운 다툼을 지속해야 했던 기독교 교회에서 그 변화와 위협의 기운이 다른 어느 곳에서보다 더욱 강하게 감지되었다. 14세기 초입 프랑스의 왕과 교황 사이에서 벌어진 정치적 힘겨루기와 그것이 낳은 아비뇽 유수 사건 그리고 그 후속편으로 이어진 교회의 대분열로 서유럽의 기독교 세계가 각자의 이해관계에 따라 반목과 분열을 계속하고 있었기 때문이다. 중세 유럽의 정신적 질서를 지배하던 보편교회의 이상이 하나하나 허물어지고 있었다.

1414년 개최된 콘스탄츠 공의회는 이 문제를 해결하

기 위해 소집된 최대 종교회의였다. 종교계는 물론이고 유럽 전역에서 크고 작은 정치계 인사들이 남부 독일의 이 작은 도시로 몰려들었다. 포조는 새로운 교황의 선출과 '이단자' 후스의 처형이라는 가시적인 성과로 1418년 막을 내린 이 공의회에 로마 교황청의 대표 인사 중 하나로 참석했다. 일흔아홉 해라는 결코 짧지 않은 삶을 살아온 그에게 30대 중반에 참석한 이 공의회의 경험은 적지 않은 의미를 지니는 것이었다. 회기 초반 자신이 보좌하던 교황이 폐위되면서 후원자를 잃은 그는 자의반 타의반 잉글랜드로 잠시나마 망명 아닌 망명길을 떠나야 했다. 결코 원치 않은 이 경험을 통해 그는 한 개인의 삶을

포조가 구입해서 만년을 보낸 고향 테라누오바 브라치올리니의 빌라. 1440년 그가 쓴 도덕 논고 『귀족론』에서 가상의 대화가 벌어진 공간이기도 하다.

지배하는 권력의 힘을 절감하게 되었고, 이는 곧 그를 현실주의적인 지식인으로 만드는 계기가 되었다.

하지만 또 다른 차원에서 생각하면 포조에게 르네상스기 최고의 '책 사냥꾼'이라는 불후의 명성을 안겨준 여러 여행이 바로 이 시기에 이루어졌다는 점도 결코 예사롭지 않다. 지리멸렬하게 진행되던 공의회의 회기 중간중간 그가 독일과 스위스 등지의 오래된 수도원들로 발걸음을 옮기고, 그곳에서 빛바랜 채 별 볼일 없는 폐지마냥 묻혀 있던 희귀한 고서들을 발굴한 덕분이다. 르네상스기의 지식인들이 가장 흠모했던 키케로의 몇몇 웅변 원고, 후일 로렌초 발라 등의 휴머니스트 언어학자들에게 고전 수사학의 교본으로 자리 잡게 되는 퀸틸리아누스의 수사학 논고, 고대 에피쿠로스주의에 기초한 물질주의적 세계관의 정수로서 마키아벨리를 비롯한 이후의 르네상스 지식인 세계에 가늠할 수 없는 충격을 주게 될 루크레티우스의 작품들이 그의 손을 통해 오랜 잠에서 깨어날 수 있었다.

이런 그에게 1416년 5월 콘스탄츠 근교의 바덴 지역을 방문할 기회가 찾아왔다. 류머티즘으로 고생하던 그에게 그 지역에 대해 잘 아는 몇몇 지인이 온천으로 유명한 그 작은 마을을 소개했던 것이다. 그런데 그는 그곳에 머문 며칠 동안 자신이 목격한 바덴 "사람들의 습속과 목욕하는 관습"을 친구 니콜리에게 전했다. 마치 오늘날의 여행안내 책자를 기술하듯 사실적이면서도 흥미롭게 이국의 관습을 전하는 이 편지에서, 그는 고전주의 휴머니스트 특유의 시선을 잃지 않았다. 이번 경우에는 로마 목욕탕과 비교하며 그곳의 낯선 관습을 이해하려 했기 때문이다. 하지만 바덴에서 다른 무엇보다 그의 시선을 사로잡은 것은 목욕탕 자체라기보다 그곳을 찾는 사람들의 자유로운 성 관념과 거리낌 없는 성적 관행이었다. 그는 자연의 삶을 향유하는 바덴 사람들을 보면서 마치 키프로스의 아프로디테가 이곳으로 이주해 온 듯한 느낌을 지울 수 없었다고 말하면서 그곳에 관한 이야기를 니콜리에게 풀어놓기 시작했다.

부끄러운 줄 모르고 거리낌 없이 자기 몸의 은밀한 부위를 보여주는 여성부터 마치 알몸을 보여주려는 듯 속이 훤히 비치는 옷을 입고 낯선 이들과 성적 농담을 주고받는 이들에 이르기까지, 그곳 사람들의 풍속은 두말할 나위 없이 포조의 상식을 넘어섰다. 일면식도 없는 남성들이 던지는 몇 송이의 꽃잎과 약간의 동전을 줍기 위해 그들을 유혹하거나 서로 다투기를 마다하지 않는 여성들의 모습 또한 그저 머릿속에서나 떠올릴 수 있는 놀라운 광경 그 자체였다. 게다가 더욱 의아하게도 그곳의 남편들마저 그런 아내들의 모습에 어떠한 질투나 시기의 감정도 느끼지 않는 듯했다. 오히려 바덴의 남녀들은 거의 벌거벗은 채로 목욕탕에 들어가 함께 음식을 먹고 하프를 연주하면서 상대방의 은밀한 부위를 보고 만지는 일조차 서슴지 않는다는 게 포조가 니콜리에게 전한 바덴의 모습이었다.

경험주의에서 비롯한 다원적 휴머니즘

바덴 편지는 몇 가지 측면에서 휴머니스트 포조의 특징적인 면모를 보여준다. 무엇보다 1428년의 편지처럼 인간 본성에 기초한 자유로운 성적 묘사가 도드라진다. 그에 따르면 그들은 "건강이 아닌 쾌락"을 목적으로 그곳을 찾는다. 그렇기에 그들은 모두 "연인이자 구애자이며, 쾌락에 기초한 삶을 사는 사람들"이다. 그런데 포조에게는 그들의 그런 단순한 삶과 서로에 대한 신뢰가 그저 경탄만을 불러일으킬 뿐이었다. 게다가 그런 까닭에서인지 그는 전통적인 도덕률에 맞추어 바덴 사람들의 습속을 재단하거나 비난하려 하지 않았다. 오히려 그는

18세기 초 베네치아에서
출판된 포조의 『피렌체사』에
수록된 그의 초상.

자못 부러움 섞인 어조로 이런 그들의 삶, 특히 그들의 단순함과 상호 신뢰가 놀라워 보일 정도였다고 니콜리에게 전할 뿐이었다. "행복하다면 그렇게 살라"는 고대인들의 가르침에 따라 자기가 소유한 작은 것을 향유하며 살아가는 바덴 사람들을 획일적인 어떤 잣대에 맞추어 재단할 수 없다는 조숙한 생각이었다.

포조의 휴머니즘이 한마디로 규정할 수 없는 다원적·절충적 성격을 띠는 것도 이와 무관하지 않다. 르네상스기의 휴머니스트들에게 고전은 그들의 생각과 행동을 뒷받침하는 전거이자 모델이었다. 하지만 그들은 단 하나의 모델에만 의존하지 않았고, 때론 어느 한 휴머니스트조차 서로 상반된 모델에 따라 세상을 서로 다른 시각으로 바라보곤 했다. 바덴의 풍속을 묘사하면서 포조는 그들의 낯선 관행이 "모든 것을 공유하는" 플라톤의 공화국, "걱정 없이 삶을 즐기는" 아프로디테의 정원, 본성상 이미 '헬리오가발루스'의 삶을 실천하는 '에피쿠로스'의 세계를 연상시킨다고 표현했다. 때론 일관되지 못하다는 비난에 휩싸이기도 했지만, 이처럼 포조에게 고전은 그저 현재의 경험을 이해하기 위해 덧입혀진 '헐거운' 망토였다. 그렇다면 이 편지에 나타난 그의 입장도 어느 정도 이해할 수 있다. 정치·경제·문화 등 모든 것이 급변하면서 한 치 앞도 내다보기 어려운 혼탁한 시기에 포조는 이교적인 자연주의의 세계, 달리 말하면 '위험하고 불경하게' 보일 수밖에 없는 에피쿠로스의 유희의 세계에조차 따뜻한 시선을 보내고 있었다.

또한 휴머니스트 포조의 언어에 대한 관심이 드러난다. 언어와 객관적 실체 사이의 관계를 해명하는 것은 르네상스기의 휴머니스트들이 천착한 중요한 주제 가운데 하나였다. 포조 역시 예외가 아니었다. 후일 그는 당대 최고의 언어학자 발라와 언어의 관례에 대한 논쟁을 벌이기도 했고, 로마인들이 실제로 썼던 라틴어의 역사와 관련되어 브루니가 제기한 이른바 '이중언어론'을 비판하기도 했다. 무엇이 되었든 그가 견지한 것은 언어란 곧 실체의 반영이고, 따라서 기계적인 문법이 아니라 그것의 용례에서 올바른 언어 관행이 찾아져야 한다는 경험주의적인 생각, 그리고 언어 역시 시간 속에서 변화한다는 역사주의적인 관점이었다. 바덴 편지에서 포조는 그곳 사람들이 자신에게도 함께 어울려 이 즐거움을 나누자고 여러 차례 권했다고 니콜리에게 전한다. 하지만 그들이 거듭 권유했는데도 그는 그들과 함께 목욕, 더 정확히 말해 성적 즐거움을 맛보지 않았다. 스스로 솔직히 전하듯이 그것은 어떤 도덕적인 이유 때문이 아니었다. 그는 단지 그들의 언어를 이해할 수 없어 그 즐거움을 누릴 수 없었을 뿐이었다고 아쉬운 듯 이야기한다.

평가가 아닌 그대로의 묘사

바덴 편지에서 드러나는 이런 흔적은 이후 그가 저술한 여러 도덕 논고에서도 찾을 수 있다. 무엇보다 그는 낯선 관습을 그 모습 그대로 표현하려고 할 뿐 어떤 기준에 맞추어 그것들을 평가하려 들지 않았다. 일례로 포조는 '귀족'이란 무엇인가에 대해 논의하면서 다양한 지역

이나 문화에 따라 귀족 혹은 고귀함의 의미가 다를 수밖에 없다고 주장했다. '귀족이라면 어떠해야 한다'는 보편적인 이상론이 아니라 시·공간적 맥락에 따라 '귀족성 nobilitas이란 무엇인가'에 대한 답도 마땅히 달라질 수밖에 없다는 상대주의적인 시각이다. 물론 후일 그가 동양에 관한 여행기를 쓰면서 인도인들의 관습을 그 나름의 맥락에서 기술하려고 노력한 것도 마찬가지 생각에서였다. 이국의 낯선 세계를 전해 듣게 되었을 때, 그에게 중요한 것은 자신에게 경이로움을 선사한 대상과 그것이 불러온 놀라움이라는 경험을 그저 백과사전마냥 나열하는 것이 아니었다. 오히려 그는 그 '낯섦'과 '다름'을 원초적인 경이의 대상이 아니라 자신 밖의 세계를 이해하는 문화적 지표로 삼으려 했다.

어쩌면 우리는 바로 그 점에서 당대의 다른 휴머니스트들과 구별되는 포조의 진면목을 찾아야 할지도 모른다. 그는 '당위'가 아니라 '실제로 어떠했는가'라는 시각에서 세상을 바라보고, 그렇게 자신의 시야에 낯설게 다가온 실체들을 분석하고 해석한 후 자신만의 이야기로 그것들을 묶어냈다. 오늘날의 기준에서 보자면 설령 설익은 것처럼 생각될 수도 있지만, 이는 분명 조숙한 역사주의자의 태도와 크게 다르지 않다. 호기심 가득한 책 사냥꾼, 전투적인 고전주의자, 성마른 논쟁가, 비도덕적인 도덕주의자. 포조에 대한 평가는 당대부터 지금까지 다양한 스펙트럼 위에서 부유한다.

한편에서는 그를 고전의 발굴을 통해 르네상스의 문을 연 인물로, 다른 한편에서는 일관되지 못한 사상의 조각들을 그때그때의 상황에 맞추어 내놓은 기회주의자로, 또 다른 누군가는 알맹이 없이 권력자의 편에서 아첨만을 일삼은 떠버리 등으로 비난한다. 하지만 이 다채로움이 바로 '르네상스인' 포조의 위상을 보여주는 것이 아닐까? 혼탁하고 숨 가쁜 격동의 시대에, 분명 그는 인간 삶에 영향을 끼치는 운명의 힘에 주목하면서 자신의 눈에 비친 다른 세계를 그 맥락 속에서 받아들이고 또 자신만의 시각으로 해석하려 한 새로운 인물이었다.

키케로주의자,
인문 교육의 가치를 제시하다

1403년경의 어느 날 노년의 살루타티에게 흥미로운 책한 권이 도착했다. 남달리 아끼던 제자 베르제리오가 청소년 교육의 의미와 가치에 대해 쓴 그리 길지 않은 도덕 논고였다. 베르제리오는 이 작은 책자에서 논리와 변증에만 천착하던 당대의 지적 풍토를 비판하면서 청소년의 덕을 함양하고 올바른 품성을 기르기 위해서는 고전에 기초한 새로운 교육이 이루어져야 한다고 주장했다. 14세기 후반 페트라르카의 계승자를 자처하며 고전의 부활을 선도한 피렌체의 서기장 살루타티에게는, 분명 이 저작이 자신이 평생 소중하게 간직한 휴머니즘의 가치를 교육적 차원에서 해명한 눈부신 성과로 비쳤고, 이에 그는 주저 없이 베르제리오에게 편지를 보내 제자의 노고를 칭송했다.

하지만 외견상 칭찬으로 비쳤음에도 베르제리오에게는 스승의 반응이 그리 달갑게 생각되지만은 않았던 모양이다. 살루타티의 평가 속에는 자신의 책이 고전 라틴어의 철자법이나 용례를 온전히 지키지 못했을 뿐만 아니라, 때론 오용된 텍스트에 의존함으로써 역사상의 키케로를 곡해했다는 비판이 알게 모르게 담겨 있었기 때문이다. 그런 까닭에서였는지 베르제리오의 답신은 평소의 그답지 않게 무척이나 강경해 보인다. 자신에게는 언제나 '최고의 스승'인 살루타티가, 이번에는 그저 시시콜콜한 어법 문제에만 매달려 자신의 진의를 올바로 이해하지 못한 융통성 없는 트집쟁이로 비쳤던 탓이다. 더욱이 베르제리오는 살루타티가 르네상스의 메트로폴리탄 '피렌체'인의 자기중심적인 편협한 시각으로 자신의 생각을 곡해했다는 불쾌감마저 숨기지 않았다.

15세기 초반을 화려하게 수놓은 지식인들 가운데 어쩌면 베르제리오는 가장 불운한 인물 가운데 하나였다고 할 수 있다. 1390년대 초반 약관의 나이에 르네상스 지식인 세계에 처음 발을 들여놓기 시작했을 때, 그는 다른 누구보다도 전도유망한 명민함을 자랑했다. 특히 남달리 뛰어난 고전 지식은 살루타티 주위에 모여든 재기 발랄한 젊은 지식인들 가운데에서도 그를 가장 돋보이게 만들었고, 그 결과 살루타티는 물론이고 그의 가르침 아래 함께 공부하던 동료들마저 베르제리오를 스승의 가장 믿음직한 후계자로 너나없이 인정하곤 했다. 이후 15세기 최고의 베스트셀러 문인이자 휴머니스트로 성장하게 되는 브루니조차 적어도 그때까지는 거의 동년배와 다를 바 없는 그를 마치 자신보다 한참 권위 있는 선학인 양 존중할 정도였다.

1502년 베네치아에서 출판된 베르제리오의 『도덕적 품성과 청소년을 위한 교양 교육』 사본 일부. 독일 만하임 도서관 소장.

덕성 있는 시민 양성을 중시하다

하지만 베르제리오는 베네치아의 영향 아래 있던 작은 도시 출신이었던 탓에 젊은 시절부터 여러 정치적 문제에서 자유로울 수 없었다. 특히 15세기 초반 밀라노 전제 군주의 팽창과 그에 버금가는 베네치아의 세력 확장이라는 정치적 난맥은 그가 자리 잡은 북이탈리아를 한 치 앞도 가늠하기 어려운 복마전의 세계로 끌어들였다. 물론 지상에서 그리스도의 대리인 자격을 놓고 '아비뇽 유수' 직후부터 두 교황이 그리고 1409년의 피사 공의회 이후에는 세 명의 교황이 대립하면서 유럽의 보편교회 이상을 뒤흔든 전대미문의 대사건, 즉 '교회의 대분열' 역시 그런 혼란을 더 한층 가중시켰다.

결국 베르제리오는 그 정치적 소용돌이에 휘말려서 1418년 신성로마제국 황제의 궁정으로 거처를 옮길 수밖에 없었다. 한때 누구보다 앞길이 창창해 보인 고전주의 지식인이 겪어야 했던 아쉬운 인생 여정처럼 보인다. 그리고 그 결과 1444년 부다페스트에서 사망했을 때, 고향 이탈리아에서는 진취적인 고전주의자라는 젊은 시절 그의 명성은 그저 빛바랜 전설이 되어버린 지 오래였다.

하지만 교육에 대한 그의 관심만은 여전히 짙은 여운

을 남기며 당대 이탈리아 지식인들에게 많은 그림자를 드리우고 있었다. 오늘날 '인문학'으로 불리는 학문 분과의 성격은 르네상스기, 특히 15세기 초반을 거치면서 조금씩 자리를 잡아가기 시작했고, 인문학의 가치 또한 인정되기에 이르렀다. 고전 문헌의 교육적 가치를 설파한 일군의 지식인들이 우후죽순처럼 등장한 탓이다.

특히 그들은 성직자나 법률가 등 전문 직업인의 양성을 목적으로 이루어지던 스콜라주의 교육이 실용이라는 미명 아래 추상적인 지적 논리에만 매몰되어 있다고 비판하면서, 인문학에 기초한 여러 교육적 실험 또한 마다하지 않았다. 그들에 따르면 사회적 존재로서 인간에게 필요한 것은 시민적 덕성이며, 그것은 결코 논리나 법 혹은 자연철학 같은 사변적인 지식을 통해서는 길러질 수 없었다.

달리 말해 르네상스기의 휴머니스트들은 흔히 '자유교양학문liberal studies'이라고 불리는 새로운 교과를 통해 시대가 요구하는 능동적인 시민을 기르려고 했다. 살루타티가 환호했듯이 베르제리오는 이런 휴머니즘 교육의 이상을 명확한 논고의 형식으로 제시한 최초의 인물이었다. 무엇보다 그는 사회적 유용성에서 교육의 가치가 구해져야 하며, 따라서 교육과 학문의 목적이 그저 개인적인 즐거움을 누리는 것에 머물러서는 안 된다고 거듭 강조했다. 그렇다면 1396년 살루타티의 후원 아래 페트라르카의 서사시 『아프리카누스』를 편집하게 되었을 때, 그가 철학자가 아닌 '시민' 키케로에게 눈을 돌리게 된 것도 충분히 이해할 만하다. 베르제리오에게는 키케로야말로 시민적 덕성을 실천한 대표적인 역사 속 인물이었고, 그 고대인이 강조한 웅변과 수사의 완성은 학문과 교육이 지향해야 할 목표이자 모델이었다.

물론 이런 생각은 스콜라주의가 대변하는 이전 세대의 교과를 통해서는 결코 덕성 있는 시민을 양성할 수 없다는 휴머니스트 본연의 믿음에서 비롯되었다. 그가 볼 때 고전에 기초한 자유교양학문만이 공동체의 시민에게 필요한 '덕'과 '지혜'를 제공할 수 있었다. 이를 고려하면 설사 미지의 영역을 탐구한다는 점에서 그 가치를 인정받을 수 있을지는 몰라도, 자연철학은 무의미한 지적 유희에 불과했다. 인간의 도덕성과는 무관한 무미건조한 지식의 추구에만 몰두했기 때문이다.

'거미줄'과 '양피지'의 은유를 통해 비판한 법학에 대한 그의 냉소적인 입장에 잘 나타나듯이, 중세 교육의 핵심 자리를 차지하던 논리나 법도 마찬가지였다. 그에 따르면 덫을 놓고 늘어진 거미줄처럼 법은 오직 약자만을 먹잇감으로 삼을 뿐이고, 양피지에 쓰인 휘황찬란한 조항들 역시 그저 강자들의 의지만을 대변하기 위해 제멋대로 늘어나고 줄어들기만을 반복할 뿐이었다. 법은 결코 인간을 선하게 만들지 못한다는 비유적인 표현이었다.

자유교양학에 대한 강조와
인간의 발달 단계에 맞춘 교육이론

이에 따라 그는 스스로 '자유학문'이라고 명명한 세 교과가 교육의 고갱이가 되어야 한다고 주장했다. 첫째는 사회적 존재로서 인간이 수행해야 할 행동과 의무의 '원리'를 다루는 '도덕철학'이었다. 인간으로서 피해야 할 일과 해야 할 일을 규명한다는 점에서, 그에게 도덕철학은 건강한 공동체를 만들고 보존하기 위한 일종의 윤리적 처방전이었다. 둘째는 '역사'다. 베르제리오는 도덕철학을 통해 인간 삶에 가장 중요한 것이 무엇인지에 관한 올바른 관점을 얻을 수 있다면, 역사는 그와 관련되어 우리가 따르고 피해야 할 구체적인 '도덕적 사례'를 제공한다고 주장했다. 마지막으로 그는 대중을 설득해 그들을 올바른 삶으로 이끄는 수사의 힘을 강조하면서 '웅변'을 중요

베르제리오의 고향 카포 디스트리아(오늘날의 슬로베니아 코퍼)에
그의 교육이념을 계승한다는 의미로 그의 이름을 그대로 따서
설립된 초등학교의 모습.

한 '시민적' 학문 분과의 하나로 예찬했다. 도덕철학·역
사·웅변으로 구성된 자유학문은 베르제리오에게 인간
공동체를 유지하고 발전시키기 위해 필요한 가장 고귀
한 분야였다. 단순히 자유인에게 어울리는 교과라는 이
유에서만이 아니었다. 오히려 그보다 그는 이 세 교과야
말로 그 본질에 있어서 인간을 '자유롭게 만드는' 고귀한
기예라고 생각했다.

　물론 서양의 지적 전통에서 고전에 기초한 자유교양

학문이 인간을 덕에 이르게 하는 최고의 교과라는 생각은 결코 낯선 것이 아니었다. 지적 수월성과 윤리적 덕성을 겸비하고 그에 기초해 공공선에 기여할 수 있는 능동적인 인간을 이상화한 그리스인들의 세계관이 그 아래에 면면히 흐르고 있기 때문이다. 그렇다면 시민의 자유와 정치적 권위가 조금씩 설 자리를 잃어가던 공화정 말기의 혼탁한 로마에서, 키케로가 그와 같은 고대 그리스의 관념에 주목한 것도 이해할 만하다. 고대 그리스인들이 꿈꾼 인간이 자신의 시대에 더없이 요구된다는 점을 키케로가 절감했을 터이기 때문이다.

이에 따라 그는 오늘날 인문학으로 불릴 수 있는 '스투디아 후마니타티스studia humanitatis', 즉 인간을 인간답게 만드는 학문을 강조했는데, 이는 웅변과 지혜를 조화시킨 인간을 기르기 위해서였다. 그에게는 지혜가 우리를 올바른 삶으로 이끈다면, 웅변은 인간의 마음을 움직이는 설득의 기예였다. 공동체를 살아가는 인간이라면 둘 가운데 그 어느 것도 놓치지 말아야 한다는 신념의 표현이었다.

이렇듯 베르제리오의 교육이념은 고대 로마로, 그리고 더 앞선 그리스 세계로 거슬러 올라갈 때 비로소 그 의미가 명확해지는 인문학적 인간학의 계보에 자리 잡고 있다. 이 점에서 분명 그는 르네상스 본연의 고전주의자였다. 무엇보다 그가 단순한 지적 활동뿐만 아니라 육체의 단련과 음악적 기예의 교육적 효과 역시 강조했다는 점이 이를 잘 보여준다. 소위 지덕체의 조화를 강조한 그리스 교양 교육의 이상이 휴머니스트 고전학자의 입을 통해 비로소 되살아났기 때문이다. 달리 말해 유적類的 존재인 인간에게는 자신과 공동체 모두를 위한 덕성이 필요하고, 그것은 오직 '인간다움이란 무엇인가'에 대한 고민과 함께 깊이 연구될 수 있다는 고전적 관념이 베르제리오 교육관의 밑바탕을 이루고 있다.

하지만 우리는 그만의 새로운 생각에도 주목해야 한다. 첫째, 그는 청소년기라는 특정 발달 단계에 주목했다. 그에 따르면 '자기만족'에만 집착하는 청소년기의 인간은 '성적 리비도'에 쉽게 굴복하는 불안한 존재다. 그가 로고스, 에토스와 함께 파토스, 즉 이성·윤리·정서의 측면을 모두 고려한 전인 교육을 강조한 것도 그 때문이었다. 둘째, 그는 모든 인간은 저마다의 능력과 자질을 가지고 있기에 그에 적합한 교육이 이루어져야 한다는 점도 잊지 않았다. 베르제리오가 전문 직업인의 양성에만 집중한 중세의 사변적인 학문과 교육체계, 그것이 낳은 폐해를 비판하면서도 그것들의 유용성을 완전히 무시하지만은 않았던 것도 그 때문이다. 한편으로는 인간의 발달 단계에 주목하고 그에 맞춘 교육이론을 제시했으며, 또 다른 한편으로는 개인적인 자질과 성향에 따른 차별적인 교육을 지향했다는 점에서, 분명 베르제리오는 시대를 앞서간 교육사상가였다.

군주를 위한 엘리트 교육이라는 비판

하지만 오늘날의 역사가들 사이에서 그에 대한 평가는 자못 인색하기 이를 데 없다. 이는 무엇보다 베르제리오가 강조한 인문 교육이 자신이 오랜 기간 섬긴 파도바 군주의 후계자를 위한 엘리트 교육에 지나지 않는다는 비판에서 비롯되었다. 또한 그 스스로 '자유교양학문'이 생존을 위해 노동에 의존해야 하는 보통사람들이 아니라 말 뜻 그대로 그러한 질곡에서 자유로울 수 있는 선택된 이들을 위한 것이라는 점을 숨기지 않았다는 사실도 무시할 수 없다. 게다가 교황청은 물론이고 북이탈리아의 이런저런 전제정 도시들의 궁정 지식인으로 많은 시간을 보냈고, 결국은 신성로마제국 궁정에서 인생을 마감해야 했던 남다른 이력도 그에게 엘리트 군주주의자라는 혐의가 덧

씌워지는 중요한 요인으로 작용했다. 그렇다면 베르제리오는 말과 속이 다른 허울뿐인 이론가였을까?

우리의 예상과 달리 흥미롭게도 베르제리오는 인간 자체를 긍정적으로 평가하지 않았다. 청소년기의 인간이 그렇듯이, 그에 따르면 본래 인간은 정념에 사로잡힌 이기적인 존재이기에 그런 인간들이 모인 사회는 본질적으로 불안정한 세계가 될 수밖에 없다. 한 세기 전의 페트라르카와 마찬가지로 그는 자신의 시대가 봉착한 도덕적·정치적 혼란이 모두 바로 그와 같은 인간의 본질적인 유약함에서 비롯되었다고 생각했다. 그렇다면 그에 대한 치유책은 과연 무엇이었을까? 그것은 바로 고대인들이 꿈꾸었듯이 지혜와 웅변을 겸비한 인간을 기르는 것이었다. 베르제리오가 교육을 통해 한 개인의 덕을 고양하는 것에 그치지 않고 공동체의 윤리적 퇴행을 막을 수 있다고 생각한 것도 어쩌면 바로 그 때문이었을 것이다.

누군가는 살루타티와 함께 『아프리카누스』를 새롭게 읽고 또 베네치아의 안정된 질서를 예찬하던 젊은 시절의 그에게서 설익은 공화주의자의 면모를 발견할지도 모른다. 하지만 또 다른 누군가에게는 베르제리오가 어느 누구 못지않은 군주주의자처럼 비칠 수도 있다. 하지만 설령 그렇다고 해도, 그에게 모순적인 인물이라는 일

방적인 꼬리표를 붙이는 것은 결코 온당치 못하다. 베르제리오는 결코 제도적인 차원의 문제에 집착하지 않았으며, 어떤 특정한 정치체제를 꼭 집어 선호하지도 않았기 때문이다. 오히려 그는 제도나 체제가 아니라 인간의 도덕적 품성만이 사회를 유지하고 발전시킬 수 있다고 생각했다. 고전 교육을 통해 인간의 도덕성을 함양한다면 결국 건강한 사회로 이어질 수 있다는 휴머니스트들의 교육이념은 바로 거기에서 출발했다. 다른 무엇보다 중요한 것은 '인간' 자체라는 믿음이었다. 역설적이면서도 의미심장하게 인간을 가변적인 존재로 간주하는 르네상스 인간학의 씨앗이 교육이라는 토양에 뿌리를 내리는 의미 있는 순간이었다.

밀라노의 지식인,
마키아벨리즘을 선점하다

1447년 여름 데쳄브리오는 고향 밀라노를 떠나 페라라에 머물고 있었다. 교황 니콜라스 5세의 주도로 이탈리아의 여러 도시 사이에서 긴박하게 진행되던 외교적 협상을 마무리하기 위해서였다. 피렌체와 밀라노, 베네치아와 교황청, 그리고 나폴리는 물론이고 여러 군소 도시까지 가세한 피 튀기는 세력 경쟁은 이미 15세기 전반의 이탈리아를 전쟁판으로 물들인 바 있었고, 이제 그것이 낳은 반목과 대립을 해소하기 위한 현실적인 노력이 조금씩 시작된 것이었다. 물론 그 와중에 물밑에서는 자신의 이익만을 도모하려는 각 도시들 사이의 숨 가쁜 복마

1448년경 피사넬로Pisanello가
제작한 데쳄브리오
초상메달의 앞면.

전 또한 치열하게 진행되고 있었다.

데쳄브리오는 밀라노가 그 치열한 외교전에 믿고 파견할 수 있는 최고의 카드였다. 이런 그에게 8월 중순 필리포 마리아 비스콘티 공작이 사망했다는 충격적인 소식이 전해졌다. 이내 짐을 꾸린 그는 밀라노로 돌아가 혼란한 정국을 수습하는 데 매달리는 한편, 바쁜 일상을 쪼개 자신이 근 30년 동안 섬긴 공작의 삶에 관한 전기를 집필하는 일에 착수했다.

부르크하르트가 만약 이 작품이 없었다면 "예술품으로서의 국가"라는 표현으로 자신이 규정한 15세기 이탈리아 정치 세계의 특징이 온전히 이해될 수 없을 것이라고 평가한 중요한 저작이 탄생하는 순간이었다. 다른 무엇보다 부르크하르트의 시선을 사로잡은 것은 이상적인 도덕 담론으로는 결코 설명할 수 없는 현실 군주의 날것 그대로의 진면목이었다. 이렇듯 15세기 이탈리아의 정치 세계는 겉으로 드러나는 무질서와는 달리, 지극히 현실적인 목적에 맞추어 정교한 계산에 따라 움직인 이해타산의 세계였다. 따라서 간혹 이상화된 모습으로 포장된 이론들이 대두하기는 해도, 실제 그 이면에서는 낯 뜨거울 정도의 무자비한 폭력과 위선이 거리낌 없이 표출되곤 했다.

그렇다면 데쳄브리오의 이 전기야말로 그 세계의 속살을 여과 없이 보여주는 굴곡진 창으로 평가해도 별 무리가 없다. 절대 권력이 사라지고 난 후의 정치적 진공과 그것이 빨아들인 속절없는 무질서와 혼란의 틈바구니 속에서, 데쳄브리오가 거리낌 없이 필리포 마리아 비스콘티의 실체를 그려냈기 때문이다. 한마디로 그의 펜 끝에

1441년경 피사넬로가 제작한
필리포 마리아 비스콘티
초상메달의 앞면.

서 살아난 필리포는 선덕과 악덕이 공존하는 비도덕적인
amoral 인간이었다.

최고였지만 조금씩 잊힌 지식인

15세기에 명멸해간 수많은 지성 가운데 데쳄브리오는
남다른 영욕의 부침을 겪은 흥미로운 인물이다. 무엇보
다 그는 120권이 넘는 다양한 저작을 집필하고 번역한
당대 최고의 다산적인 저술가 가운데 하나였다. 특히 그
는 거의 르네상스기 최초로 플라톤의 『국가』를 번역할
만큼 탁월한 고전 지식을 자랑했고, 그 결과 그의 유명세
는 이탈리아는 물론이고 알프스 이북의 잉글랜드와 스
페인 등지에서까지 뚜렷이 감지되었다. 타인에 대한 독
설을 서슴지 않은 당대 최고의 논쟁가 로렌초 발라조차
그의 승인이 없다면 자신의 작품을 출판하지 않겠다고
공언할 정도였다.

 하지만 전제군주의 궁정 지식인으로 살았던 인생 역
정은 그의 삶 후반부를 비극으로 물들이기에 충분했다.
필리포 마리아의 사망 이후 밀라노에 불어 닥친 혼탁한
정국과 뒤이은 정권 교체의 소용돌이를 겪으면서, 그가

데쳄브리오는 브루니의 『피렌체 찬가』를 염두에 두고 『밀라노 찬가』를 저술했다. 1460년대 초반의 필사본에 남아 있는 『밀라노 찬가』의 첫 면. 하버드 대학교 소장.

권력에서 밀려나 로마와 페라라 등지를 전전할 수밖에 없었던 탓이다. 더욱이 오랜 기간 밀라노 궁정에서 공작의 비서이자 조신으로 활동한 탓에, 오늘날의 역사가들에게도 그는 지적·정치적 차원 모두에서 합당한 평가를 받지 못하고 있다. 한때 최고로 인정받았지만 시간이 흐르면서 조금씩 잊힌 불운한 지식인이었던 셈이다.

이를 고려하면 필리포 마리아의 죽음과 그의 일생을

담은 이 전기는 르네상스 지식인 데쳄브리오의 불운한 삶의 족적, 그리고 그것의 의미를 더듬어볼 수 있는 타임캡슐과도 같다. 의미심장하게도 이와 관련해 그는 인생의 말년에 접어든 1473년 어느 날 자신이 쓴 수많은 작품 가운데 유독 이 전기만이 많은 이의 입에 오르내리고 있다고 술회한 바 있다. "누구나 그 작품에 대해 알고 있고, 그것을 읽고" 있지만, 모두가 그에 대해 악평을 늘어놓고 있다는 쓸쓸한 속내와 함께였다. 자부심과 회한이 뒤섞인 이 양가적인 감정 아래에 흐르는 그의 생각을 정확히 가늠하기는 힘들지만, 아마도 이는 공작의 죽음이 자신의 삶에 변곡점이 되었다는 솔직한 표현이었을 테다. 부르크하르트는 이 전기를 15세기 이탈리아 정치 세계의 특징을 가늠케 해주는 중요한 저작으로 해석했다. 그렇다면 부르크하르트와는 다른 맥락에서, 달리 말해 이후 자신의 삶에 아물 수 없는 생채기로 계속 따라다녔다는 점에서 저자 데쳄브리오에게도 그 전기는 가장 의미 있는 작품이었다.

어쩌면 그 전조는 처음부터 도사리고 있었는지도 모른다. 1447년 10월 그와 페라라의 후작 레오넬로 데스테 Leonello d'Este 사이에서 오고간 서신이 이를 잘 보여준다. 그에 따르면 초고를 완성한 후 데쳄브리오가 바로 그것을 레오넬로에게 보냈던 듯하다. 작품을 외부에 공개하기 전에 권위 있는 이에게 미리 조언을 받아 혹여 권력자에 대한 가감 없는 묘사 때문에 자신이 맞닥뜨리게 될 수도 있는 비난을 막기 위한 주도면밀한 생각에서였다. 그의 염려대로 전기를 읽은 후작의 반응은 그리 달갑지만은 않았다. 적어도 레오넬로가 보기에는 위대한 공작의 전기에 담기에는 민망하면서도 염려스러운 부분이 없지 않았던 탓이다. 무엇보다 동성애와 관련된 공작의 은밀한 사생활을 기록한 것이 마음에 걸렸고, 이에 그는 해당 내용을 삭제하거나 희석하라고 데쳄브리오에게 제안했다. 얼마 지나지 않은 또 다른 편지에서 레오넬로가 수정된 원고를 보고 흡족해했다는 것에서 알 수 있듯이 데쳄브리오는 그의 조언을 따랐던 듯하다. 그렇다면 오늘날 우리에게 전해지는 작품은 이 초고의 내용이 순화된 수정본임에 틀림없다.

냉혈한 군주와 냉철한 역사가

그런데 여기에서 우리의 시선을 더욱 사로잡는 것은 레오넬로의 제안에 대한 데쳄브리오의 답변이다. 레오넬로에게 보낸 답신에서 그가 작품을 쓰게 된 이유가 결코 사망한 공작을 '비난'하기 위해서가 아니라고 항변했기 때문이다. 오히려 그는 "역사가에게는 거짓을 말하는 것보다 더 비난받을 만한 일은 없다"고 말하며, 필리포 마리아의 '명예와 영광'을 기리는 것이 자신의 진정한 의도라고 강조했다. 만약 누구나 알고 있기에 결코 은밀하다고 할 수 없는 필리포 마리아의 사생활이나 어두운 일면들을 감추거나 기록으로 남기지 않는다면, 자신이 진정으로 알리고 싶은 공작의 위대한 공적이나 위업에 관한 기술조차 독자들의 신뢰를 얻지 못할 것이라는 논리였다. 이렇듯 데쳄브리오는 자신이 '역사' 저작을 쓴다고 생각했고, 진실을 기록할 때만 자신이 쓴 이 전기가 온전한 역사서술로 받아들여질 수 있을 것이라고 주장했다.

이 작품이 동시대의 정치인이나 군주에 관해 쓴 거의 최초의 르네상스 전기라는 점도 흥미롭다. 또한 당대의 다른 정치 논고와 달리 어느 누구의 후원이나 입김에 휘둘려 그가 펜을 들지 않았다는 점도 결코 가벼이 넘길 수 없다. 그 덕분에 데쳄브리오가 보편적인 전형이나 이상화된 모델이 아니라 현실을 살아가는 실제 인간의 모습 그대로 필리포 마리아를 그려낼 수 있었기 때문이다. 물론 동시대의 다른 이들과 마찬가지로 데쳄브리오 또한 플루타르코스나 수에토니우스 등 고대 전기 작가들의 모델에 따라 주로 정치적인 차원에서 공작의 삶을 그렸고, 이 점에서 그의 전기는 별반 새로울 게 없어 보인다. 하지만 이 고대인들과 달리 그는 공작의 모습을 지나칠 만큼 사실 그대로 묘사하는 데만 치중했을 뿐, 그에 대한 어떤 도덕적 평가도 내리려 하지 않았다. 이전 시대는 물론이고 동시대의 다른 전기 작가들과 데쳄브리오를 구별 짓게 만드는 것이 바로 이 점이다.

게다가 바로 그 때문에 냉정한 현실정치의 실상이 필리포 마리아에 대한 그의 묘사 속에 부지불식간에 스며들 수 있었다. 그렇다면 이 전기가 르네상스기에 출현한 다른 군주주의 논고들과 달리 필리포 마리아의 사적인 삶에 상당량의 지면을 할애한 것도 충분히 이해할 만하다. 공적 영역에서 이룬 위업만큼이나 사적 영역에서 드러난 사소한 모습이 한 인간의 삶과 생각을 잘 보여줄 수 있기 때문이다. 더욱이 바로 그 덕분에 우리는 병적일 정도로 기민하고 계산적인 필리포 마리아를 만날 수 있게 된다.

데쳄브리오에 따르면, 레오넬로가 삭제하기를 원한 공작의 소도미아조차 그저 그의 그릇된 성적 기호에서 비롯된 것만은 아니었다. 오히려 필리포 마리아는 젊은 청소년들을 곁에 둠으로써 아무도 믿을 수 없는 냉혹한 정치 세계에서 자신만을 위해 일하고 자신에게만 충성을 다하는 친위부대를 두려 했다는 것이다. 그들의 임무는 공작의 '육체적 욕구'를 보살피는 것을 넘어 "그의 안전을 지키는 일"이었다. 이처럼 필리포 마리아의 모든 행동은 통치자의 권위를 유지하고 보존하려는 정치적 목적 아래 이루어졌다.

이와 관련해 데쳄브리오는 속내를 알 수 없는 인물이라는 바로 그 점에 공작의 모든 정치적 권위가 터하고 있었다고 적는다. 통치자로서 필리포 마리아가 스스로를 불가해한 인물로 위장하는 남다른 기술을 발휘하면서 누구도 거역할 수 없는 권위 있는 군주로 자기 자신을 만들어갔다는 이야기다. 때론 '부드럽게', 또 다른 경우에는 '포악하게' 조신들을 다룸으로써 필리포 마리아는 모든 신민이 오직 자신에게만 충성을 다하도록 도시를 일종의 '수형 농장'처럼 만들었고, 이는 신민에 대한 완벽한 통제였다.

한마디로 신민들에게 그는, 한편으로는 그의 호의를 얻을 수 있을지도 모른다는 '희망'을, 다른 한편으로는 그의 신임을 잃게 될 것이라는 '두려움'을 동시에 불러일으킨 냉혈한 같은 군주였다. 그런데 흥미롭게도 데쳄브리오는 이처럼 마치 가면을 쓴 듯한 필리포 마리아의 모습을 결코 겉과 속이 다른 위선이나 악덕으로 비난하지 않는다. 필리포 마리아는 물론이고 데쳄브리오에게 그 것은 무자비한 권력의 세계를 살아가야 했던 냉철한 군주의 통치술일 뿐이었다.

데쳄브리오, 15세기의 마키아벨리

훗날 마키아벨리가 '사자'와 '여우'의 은유로 제시한 이상적인 군주의 모습이 필리포 마리아에게서 이미 구현된 듯하다. 아마도 이런 냉철한 군주상은 아무도 믿지 않았다는 필리포 마리아의 모습에서 더욱 확연하게 드러난다. 데쳄브리오는 "그들을 믿지 않는다는 점 자체를 잊을 정도로" 필리포 마리아가 "어느 누구도 결코 완전히 믿지 않았다"고 기억했다. 물론 이는 권모와 술수가 난무했고, 그래서 어제의 적이 오늘의 동지가 되고 또 오늘의 동지가 이해에 따라 너무나 쉽게 적으로 변모하던 르네상스기 정치계의 변화무쌍함과 그것의 축소판인 궁정 사회의 어두운 면모 때문이었을 테다.

필리포 마리아는 바로 그 위험한 세계를 살아내야 했던 군주였다. 그렇기에 그는 마치 덫을 놓고 먹잇감을 기

밀라노의 산탐브로조 교회에 안치되어 있는 데쳄브리오의 석관.

다리는 사냥꾼처럼 궁정인들의 충성도를 시험하는 데 온힘을 쏟곤 했다. 그가 궁정인들과 신민들이 서로 경쟁하며 자신에게만 충성을 다하도록 온갖 계략을 만들어낸 것도 그런 현실적인 요구 때문이었다.

한마디로 데쳄브리오가 그린 필리포 마리아는 누구도 믿지 않는 고독한 사람이자 어느 누구에게도 자신의 속내를 드러내지 않는 위장의 대가였다. 또한 그렇기에 그가 만든 궁정 세계는 보이지 않는 권력의 눈이 언제나 누군가를 옥죄는 일종의 '파놉티콘'이었다. 이 점에서 분명 그는 르네상스기의 군주주의자들이 이상화한 덕성 있는 군주와는 거리가 멀었다.

하지만 데쳄브리오는 결코 그를 비난할 수 없다고 암시한다. 오히려 냉혹하고 엄정한 현실정치 세계에서 군주라면 어떻게 행동해야 하는지를 필리포 마리아가 몸소 구현했다고 칭송한다. 레오넬로와 주고받은 서신에 암시되어 있듯이, 분명 위선적이고 사악한 필리포 마리아의 행보는 당대인들에게도 널리 알려진 사실이었다. 그럼에도 데쳄브리오는 그런 부덕한 행위조차 현실정치를 지배하는 필요성의 논리에 따른 합당한 선택의 결과라고 옹호했다.

이를 고려하면 영혼의 구원을 위해 교황령 지역을 양도하라는 교황의 요구에 맞서 필리포 마리아가 맞받아친 재치 있는 대답은 더욱 인상적이다. 필리포 마리아는 자신 역시 "영혼이 육체보다 더 가치 있다"는 점을 믿는다고 운을 뗐다. 하지만 이내 그는 "육신이나 영혼의 구원보다 국가의 안위가 훨씬 더 중요하다"는 생각 또한 갖고 있다고 덧붙였다. 밀라노를 위해서라면 영혼마저 팔 수 있다는 대담한 이야기처럼 들린다. 정치는 당위가 아니라 현실이 지배한다는 신랄하면서도 재기 넘친 응수가 아니었을까. 후대의 마키아벨리가 현실정치와 현실 권력의 문제를 '이론'적인 차원에서 분석했다면, 필리포 마리아는 그것을 몸소 실천한 선구적인 인물이었을지도 모른다. 그리고 조숙한 '역사가' 데쳄브리오는 마치 스냅 사진을 찍듯 그런 공작의 모습을 사실 그대로 묘사했다.

흥미롭게도 이후 데쳄브리오는 새롭게 밀라노의 권력을 장악한 프란체스코 스포르차Francesco Sforza의 전기도 저술했다. 하지만 거기에는 새로운 군주를 향한 달콤하면서도 낯 뜨거운 아첨만 흐를 뿐, 냉철한 역사가의 모습은 찾아볼 수 없다. 자신의 "눈으로 직접 목격한" 것을 기록했다는 필리포 마리아의 전기에서와 달리, 노년의 힘없는 데쳄브리오는 이제 새로운 군주가 "오래도록 열망해온" 이야기를 그의 입맛에 맞추어 기록하기 시작했다. 권력에서 소외된 궁정 지식인의 애달픈 순응이자 위선이었다. 그리고 그런 변화 속에서 이제 전기문학은 '역사'에서 '찬가'의 영역으로 뒷걸음쳐갔다. 하지만 적어도 우리는 불운했던 이 밀라노의 지식인 데쳄브리오에게서 정치와 도덕을 분리하려 한 마키아벨리의 현실주의 세계관이 그리 멀리 떨어져 있지 않다는 점만은 충분히 감지할 수 있다.

반메디치 지식인, '세계시민'을 꿈꾸다

"현자라면 또 누구보다 분별 있는 사람이라면 그저 단 하나의 도시가 아니라 전 세계를 자신의 조국이라고 부릅니다. 외적인 것을 신뢰하지 않는 사람만이 [자기 삶의] 주인이자 왕입니다."

1450년대 중반 피렐포는 현자란 누구인가에 대해 위와 같이 노래했다. 오랜 친구이자 후원자인 팔라 스트로치를 위로하기 위해 쓴 한 편의 시를 통해서였다. 팔라는 15세기 초반 피렌체에서 가장 부유한 지도층 인사이자 그 꽃의 도시가 자랑하던 명망 있는 정치가였으며, 당대의 어느 지식인 못지않게 고전에 대한 조예 역시 풍부한 휴머니스트였다. 하지만 그는 1434년 메디치 가문이 집권하면서 반反메디치 정파의 우두머리로 몰려 피렌체에서 추방되었고, 결국 고향으로 돌아오지 못한 채 파도바에서 30년 남짓의 여생을 쓸쓸하게 마감해야 했다. 이 시는 불운한 명망가 팔라를 위로하기 위해 피렐포가 그리스어로 쓴 속 깊은 우정의 헌사였다.

비단 이 시뿐만 아니라 자신의 작품 곳곳에서 피렐포는 오랜 동료이자 후원자로서 자신과 정치적 명운을 함께한 팔라를 피렌체 정계의 실세 코시모 데 메디치와 비교되는 덕의 상징으로 칭송하곤 했다. 그런데 망명생활에 지친 옛 친구를 위로하는 이 편지에서, 특히 우리의 눈길을 사로잡는 것은 피렐포가 그저 상투적으로 팔라의 덕과 선을 칭송하기보다 지금 거처하고 있는 곳을 '안전한 항구'로 여기고 그곳에서 평화롭게 살아가라고 그에게 담담히 권유했다는 점이다. 통제할 수 없는 가변적인 외부 세계의 변덕에 초연할 수 있는 현자라면, 하늘 아래의 모든 곳이 그의 고향이 될 수 있다는 주장을 담아서였다. 그는 팔라에게 "그렇다면 팔라, 모든 바다에 접해 있는 모든 나라, 태양 아래 있는 모든 곳이 당신의 고향입니다"라고 적어 보냈다.

가변적인 외부 세계의 변덕에 초연한
현자의 삶을 노래

마르케의 작은 도시 톨렌티노의 변변치 못한 가문에서 태어난 피렐포는 자타공인 당대 최고의 고전학자였다. 어린 시절부터 남다른 학문적 재기를 뽐낸 그는 10대 후반부터 이미 북이탈리아 지식인 세계에 발을 들여놓기 시작했고 이내 그 세계의 총아로 인정받았다. 다른 도시 출신이었는데도 그가 비교적 이른 나이에 베네치아의 시민으로 받아들여진 것도 뛰어난 학문적 능력 덕분이었다. 게다가 당시로서는 결코 흔치 않은 그리스 문학의 전문가라는 점이 그의 명성에 한층 권위를 더해주었다. 20대 초반 베네치아 정부의 명으로 콘스탄티노폴리스에 파견되어 6년 남짓 보낸 경험이 그가 희귀한 그리스 문헌의 소장자이자 그리스 학문의 대가로 자리매김하는 데 중요한 밑거름이 되었지만 말이다.

이후 그는 한 도시에 정착하기보다 마치 모든 것에 초연한 방랑자처럼 이탈리아 곳곳을 옮겨 다녔다. 물론 이런 인생 이력에는 특유의 성마르고 독선적인 성격이 작용했다. 또한 콘스탄티노폴리스 황가 출신의 어린 아내를 동반하고 나타나 그가 보여준 젠체하는 듯한 태도와 기이하고 낯선 풍모가 야기한 주변 인사들과의 반목도 거기에 한몫했다. 하지만 그의 탁월한 능력에 대한 타인들의 시기와 질투 역시 무시할 수 없다.

피렐포와 팔라의 만남은 1429년경 예기치 못하게 베네치아 지식인들과 갈등이 생겨 그가 그 물의 도시를 떠날 수밖에 없게 되면서 시작되었다. 자신들의 도시에서 어느 정도 뿌리를 내리기 시작한 고전 교육의 싹을 더욱 건강하게 꽃피우려던 피렌체인들이 그에게 새롭게 문을 연 피렌체 대학교의 그리스 문학 강좌를 맡기게 된 것이다. 하지만 그해 4월 피렌체에 첫발을 들여놓자마자 피렐포는 자신이 마치 바다 괴물 '스킬라와 카리브디스' 사이에 낀 오디세우스처럼 진퇴양난의 곤란한 상황에 처하게 되었음을 이내 깨달았다.

그의 눈에 비친 피렌체는 르네상스의 본향이라는 명성이 무색하리만치 볼썽사나운 정치적 파벌싸움이 치열하게 전개되는 혼란의 도가니 그 자체였다. 특히 팔라가 대표하는 몇몇 전통적인 가문과 새롭게 피렌체 정치계의 실세로 부상하던 메디치 가문 사이의 대립은 물리적·정신적 차원 모두에서 도시 곳곳을 암투의 그림자로 물들였다. 피렐포가 발을 들여놓은 곳이 바로 이 정치적 카오스의 세계였고, 이내 그 역시 그 세계의 심연 속으로

20세기 초 베를린에서
제작된 피렐포의 초상화.

빨려들어 갔다.

이런 상황에서 말 그대로 국외자였던 피렐포가 15세기 초·중반 피렌체 정치문화계의 풍향계로 서게 되는 것은 어쩌면 시간 문제였을 것이다. 팔라와 같은 편에 선 그는 코시모를 위시한 그 주변 인사들과 노골적으로 대립한 반메디치 지식인이 되었고, 그 결과 팔라와 마찬가지로 피렌체에서 추방되는 운명을 피할 수 없었다. 특히 추방 전후 메디치 진영에서 시도한 몇 차례의 살해 시도와 그에 맞서 피렐포가 메디치 정파에게 퍼부은 맹렬한 독설은 두 진영 사이에 건널 수 없는 거대한 걸림돌을 만들고 말았다.

그렇다면 팔라에게 바친 그의 시와 거기에 담겨 있는 세계시민주의적인 색조, 즉 하늘 아래의 모든 곳이 '현자'들을 위한 '고향'이라는 피렐포의 주장은 오랜 기간 고향으로 돌아갈 수 없었던 팔라에 대한 위로인 동시에 팔라와 운명을 같이한 자기 스스로에 대한 변론이었을지도 모른다. 피렌체에서 목격하고 경험한 정치적 파벌싸움이 의미심장하게도 피렐포에게는 이른바 '세계시민'이라는 새로운 정체성을 벼리는 계기가 되었던 셈이다.

이를 고려하면 그의 도덕 논고 『추방론』은 새삼 우리의 주목을 끌기에 충분하다. 피렐포의 호전적이고 성마른 반메디치 정서가 고전 지식의 토대 위에서 도덕주의 논고의 형태로 순화된 결과물이기 때문이다. 여기에서 그는 휴머니스트 특유의 대화체 양식으로 1434년 가을 코시모가 피렌체의 정권을 장악한 직후 피렌체 지식인 세계에 흐르던 지적·정서적 분위기를 그려낸다. 특히 추방을 목전에 둔 팔라와 그 주변의 반메디치 인사들은 물론이고 자타공인 친메디치 인사로서 자신과 평생 대립각을 세운 포조, 그리고 당대 최고의 지식인 브루니가 참여한 가상의 대화를 통해 모든 논의를 이끌어간다는 점에서, 『추방론』에는 극적인 생동감은 물론이고 역사적 진실성까지 은은하게 흐르고 있다.

분명 현실 경험이 가져다준 교훈 때문이었을 것이다. 피렐포는 팔라의 입을 빌려 지성과 이성을 겸비한 "현자라면 어디에서나 행복할 수 있고", 또 그렇기에 조국에서 추방되는 가혹한 운명조차 그에게는 스스로의 덕을 벼리고 강화하는 '일종의 단련장'으로 기능할 수 있다고 강조한다. 팔라가 이 대화에 등장하는 아들에게 피렌체에서 쫓겨나는 일을 왜 그토록 비참하게 생각하는지 되물으며 건넨 말은 더욱 인상적이다. "나는 피렌체가 아닌 다른 세상 다른 어느 곳에서도, 평화롭게 아무런 방해도 받지 않는 삶을 살 수 있을 것이라고 기대한다"는 것이었다. '운명'을 극복할 수 있는 진정한 '용기'를 갖춘 자에게는 세상 모든 곳이 고향이 될 수 있다는 스스로에 대한 위로이자 다짐이었을 테다.

그렇기에 팔라는 인간을 인간답게 만드는 것은 출생이 아니라 교육과 훈육이며, 단지 태어난 곳이라고 해서 그곳만을 조국이자 고향으로 간주하는 것은 편협하고 그릇된 생각이라고 단호하게 말한다. 고대의 현자 소크라테스조차 자기 스스로를 "아테네인도 아니요 스파르타인도 아닌, 세계시민"으로 규정하지 않았던가.

메디치 가문과 대립하며
모범적 시민의 덕의 정치 주장

이렇듯 『추방론』에서 피렐포는 덕성 있는 현자이자 세계시민주의자의 모습으로 팔라를 재현하면서 그와 자신을 동일시했다. 두말할 나위 없이 이런 그의 생각은 코시모 데 메디치라는 최대의 정적을 염두에 둔 것이었다. 이를 고려하면 『추방론』의 첫 부분은 특히 인상적이다. 여기에서 그가 코시모를 "교활한 늙은 구렁이"라고 부르며 그의 집권과 함께 피렌체의 황금시대가 종말을 맞이하게 되었다고 이야기하면서 모든 대화의 물꼬를 트기 때문이다. 피렐포에게는 덕의 상징 팔라와 비교되는 부덕한 인물의 전형이 바로 코시모였던 셈이다.

또 다른 대표작이라고 할 수 있는 시집 『풍자』의 한 편에 잘 나타나듯이, 피렐포는 가변적인 외부 세계의 조수에 영합하며 대중을 현혹한 코시모와 달리 팔라야말로 덕과 선의 원칙을 지킨 현인이자 그것을 토대로 피렌체에 헌신한 공화국의 수호자라고 예찬하곤 했다.

피렐포는 훗날 팔라의 죽음을 애도하며 그를 "토스카나인들의 영광"이자 "조국의 아버지pater patriae"라고 칭송하기를 주저하지 않았다. 역설적이게도 이는 자신이

피렐포 시집 『풍자』의 1449년 필사본의 한 면. 발렌시아 대학교 역사도서관 소장.

처음 입에 올리기 시작해 코시모를 지칭하는 별명으로 자리를 잡아가기 시작했고, 심지어 오늘날까지도 그를 상징하는 일종의 대명사로 쓰이는 '국부'라는 별칭을 의도적으로 차용한 것이었다. 공화국에 두 명의 국부가 존재할 수 없다면 코시모가 아니라 오직 공익에 헌신한 팔라에게 그 영예로운 호칭이 돌아가야 한다는 생각에서였을 데다. 피렐포가 볼 때 코시모의 집권과 함께 피렌체에서 자취를 감춘 것이 바로 팔라가 보여준 자비로운 덕성과 공익에 대한 헌신이었다.

더욱 의미심장한 것은 이와 같은 그의 생각이 예기치 않게 우리에게는 부에 대한 당대인들의 복잡한 속내를 엿볼 수 있게 해준다는 점이다. 부와 덕은 공존할 수 있는가? 기실 이 문제는 15세기의 휴머니스트들이 천착한 중요한 도덕철학의 주제 가운데 하나였고, 이 점에서는 피렐포 역시 예외가 아니었다. 더욱이 그는 이 문제를 다루면서 부의 남용 때문에 부패한 권력의 예로 코시모를 꼽으며 그의 악덕을 비판했다. 세계시민을 자처한 고대의 철학자 디오게네스를 거론하며 팔라가 『추방론』에서 "인간은 자유를 위해 태어났지, 예속되기 위해 태어나지 않았다"고 이야기한 것이 대표적이다. 그러면서 팔라는 디오게네스의 고사를 인용하면서 현자라면 "부에 헌신하는 사람은 결코 자유로운 정신을 가질 수 없다"는 점을 잘 알고 있다고 덧붙인다. 분명 코시모를 향한 에두른 냉소이자 잔잔한 비판이다.

1450년대 중반 친구 알베르티에게 보내는 편지의 형식으로 쓴 한 시에서도 부에 대한 피렐포의 생각이 잘 드러나 있다. 그는 열정적으로 부를 추구하는 알베르티와 달리 자신은 그것을 경멸한다고 운을 뗀다. "자네가 그 황갈색 쇳조각에 대한 사랑을 피하지 못하는 것은 그것이 우리의 삶에 많은 이득을 가져다줄 수 있다는 생각 때문이겠지. 하지만 나는 소유하지 않고 살아가는 삶에도 만족하네"라는 말과 함께였다. 부가 인간의 육신을 약하게 만들고 고상한 지성을 병들게 한다는 생각이었다. 그러므로 그는 알베르티에게 자신은 결코 "동일한 어느 한 사람에게 칭송할 만한 덕과 상당한 부가 공존할 수 있을 것이라고는 생각하지 않는다"고 단호히 말하며, "최고의 덕과 예외적인 부를 동시에 겸비한 사람이 과연 어떤 사람인지" 알려달라고 묻는다.

물론 실제로 피렐포가 여기에서 자신이 노래한 현자의 삶을 그대로 실천했다고 할 수는 없다. 차라리 그 반대였다고 하는 것이 진실에 더 가까울지도 모른다. 하지만 적어도 우리는 그의 논의 속에서 부의 세속적 가치가 지니는 긍정적 함의와 그에 따른 딜레마가 뒤섞여 있음을 감지할 수 있다. 그리고 이와 같은 그의 생각은 『추방

16세기 바젤에서 제작된 피렐포의 초상화.

론』에서 코시모의 악덕을 증명하는 데 이용된다. 15세기 전반 새로운 시민윤리의 대표주자로 인정받는 브루니가 이끌어가는 논의를 통해, 피렐포는 분명 '도덕적 선'과 결합될 경우 물질적인 것 역시 인간 삶에 도움이 된다는 점을 인정한다. 부와 결합된 덕이 인간을 더 고귀하고 완전하게 만들어줄 수 있다는 논리였다. 하지만 그는 인간을 진정으로 고결하게 만드는 것은 덕뿐이라는 점을 결코 잊지 않았다. 덕이 없다면 어떤 부도 그 홀로 인간을 고귀하게 만들 수 없는 반면, 설령 부가 없더라도 덕만으로도 인간은 고귀해질 수 있기 때문이다.

코시모에게 건 공익에 대한 기대

그렇다면 "부 자체에는 선이나 악이라고 할 만한 것이 존재하지 않으며" 그저 부를 향유하는 사람에 따라 선한 행동과 악한 행동을 위한 도구가 될 뿐이라는 『추방론』의 등장인물 브루니의 논의는 더욱 귀 기울일 만하다. 그는 "만약 부가 코시모나 그와 유사한 어떤 이들처럼 사악하고 흠이 많은 이들의 수중에" 떨어지면, "온갖 악행을 야기하고 저지르는 도구이자 수단"으로 전락해버린다고 이야기한다. 의미심장하게도 등장인물 브루니와 저자 피렐포에게는 코시모가 그 점을 보여주는 살아 있는 예, 달리 말해 부가 부덕한 이의 손에 들어갈 경우 "모든 악이 만들어지는 도구이자 조력자"가 된다는 점을 보여주는 더할 나위 없는 사례였다. 코시모는 부를 이용해 우매한 군중을 포섭하고 그에 기초해 권력을 장악한 부덕한 인물 그 자체였다. 더욱이 그렇게 손에 넣은 권력을 이용해 더욱더 부만을 탐함으로써 코시모가 공화국이 자랑하던 모든 질서와 조화마저 깨뜨렸다는 것이 피렐포의 힐난이었다. 이와 비교할 때 팔라는 공익을 위해 헌신한 모범적인 시민의 표상이었다.

아마도 이 모든 성찰은 메디치라는 거대한 가문과 충돌한 그의 남다른 정치 경험에서 비롯된 것이 틀림없다. 현실정치의 험난한 격랑을 헤쳐나가야 했던 꼬장꼬장한 지식인의 고뇌가 느껴지는 것도 그 때문이다. 이를 고려하면 시집 『풍자』에 실린 또 다른 시는 더없이 흥미롭다. 1440년대 중반에 쓴 이 시에서 그가 이전과 달리 코시모에게 뜻 모를 이야기를 던졌기 때문이다. 지금 코시모는 혼탁한 이탈리아에 평화를 가져올 수 있는 절호의 순간을 마주하고 있으며, 따라서 그에 합당한 역할을 기대한다는 도덕주의자의 조언이었다. 피렐포는 코시모 앞에는 '모범적인 시민의 길'과 '독재자의 길'이라는 상반된 선택지가 놓여 있으며, 이제 그가 그 가운데 하나를 선택해야 한다고 이야기했다.

이 수수께끼 같은 시를 지으며 그가 코시모에게서 무엇을 기대했는지 우리는 결코 알 수 없을 것이다. 하지만 거대한 정치권력과 부딪친 뼈아픈 경험 이후 스스로 세계시민이 되고자 한 피렐포에게 다가온 성찰, 즉 다른 무엇보다 공익이 우선해야 한다는 깨달음이 마음속 깊이 흐르고 있었던 것은 아닐까? 진의는 제쳐두더라도 그가 코시모에게 공익의 보호자가 되라고 권한 것만은 분명하기 때문이다. 물론 부에 관한 논의에서 그랬던 것처럼 선택은 개인의 몫으로 남는다. 다만 선한 의지가 선한 결과를 낳을 뿐이다. 정치적 행동주의자가 아니라 페트라르카의 지적 세례를 받은 휴머니스트 도덕주의자 피렐포의 생각이 여기에 여운처럼 드리워져 있는 듯하다.

피렌체의 상인,
인간의 세속적 존엄을 노래하다

1450년대 초반의 어느 날 나폴리의 왕 알폰소에게 한 권의 책이 헌정되었다. 모두 네 권으로 구성된 이 책에는 놀랍게도 『인간의 존엄성과 탁월함에 대하여』라는 범상치 않은 제목이 달려 있었다. 중세 기독교 세계에서는 오만의 죄로 간주되기에 마땅한 위험천만한 생각, 즉 존엄이라는 관념이 버젓이 인간에게 부여된 것이었다. 웅변가 특유의 돈호법을 활용해 "오, 인간이여"라는 경탄조의 외침으로 모든 논의를 시작하면서, 마네티는 대담하게도 신의 피조물 가운데 오직 인간에게만 존엄이라는 용어를 붙일 수 있다고 독자들의 주의를 환기시켰다. 인간이야말로 "그토록 존엄하게 창조되고 그토록 높은 지위를 부여받은" 존재이기에 지상에서든 하늘에서든 "우주의 온갖 피조물"이 인간의 "지배를 받아야 하고" 또 인간의 "통제 아래 놓여 있다는 것"이 전혀 의심의 여지가 없는 진리라는 게 그의 주장이었다. 또한 그는 바로 그렇기에 부단히 덕을 실천하기만 한다면, 인간 앞에는 지복의 세계 그리고 더 나아가 신과 유사한 경지에 오르는 길이 열려 있다고 불경스럽게 이야기를 이어갔다.

1396년 피렌체의 부유한 상인 가문의 첫째 아들로 태어난 마네티의 삶은 초기 르네상스, 특히 피렌체의 상인 사회와 그들의 문화적 태도를 반영하는 거울처럼 보인다. 가업을 계승해 상인으로 성장하기를 바란 아버지 탓에 비교적 늦은 나이에 학문 세계에 발을 들여놓을 수밖에 없었지만, 마네티야말로 상인 그리고 피렌체의 공직자라는 공적인 삶과 고전 학문에 심취한 휴머니스트 지식인의 삶을 무리 없이 조화시킨 남다른 인물이었기 때문이다. 게다가 그는 휴머니즘 특유의 자유교양학문뿐만 아니라 자연철학에서 신학에 이르는 다양한 분야를 섭렵한 박식가였다.

이것이 바로 베스파시아노가 마네티에게 누구보다 많은 지면을 할애하고, 또 별도의 논평을 추가하면서까지

마네티가 나폴리의 왕에게 『인간의 존엄성과 탁월함에 대하여』의 서문 격으로 보낸 헌정서의 필사본. 대영 도서관 소장.

그를 자신의 시대가 낳은 최고의 지성으로 손꼽은 이유였다. 그에게 있어 마네티는 지적 활동은 물론이고 시민이자 상인의 실제 삶에서도 피렌체를 빛낸 도시의 '장신구'였으며, 어느 주제에 관해서도 막힘없이 논의하고 연설할 수 있는 최고의 웅변가이자 '논객'이었다.

오늘날의 여러 역사가가 마네티를 '활동적 삶'의 이상을 실천한 전형적인 시민적 휴머니스트 가운데 하나로 평가하는 것도 그 때문이다. 물론 이런 해석이 자리 잡은 데는 15세기 전반 이탈리아의 최고 지식인이자 시민적 휴머니즘의 기초를 닦은 인물로 평가되는 피렌체의 서기장 브루니와 그가 맺은 돈독한 관계가 크게 한몫했다. 젊은 학자 마네티를 처음 만났을 때 그의 재기 넘치

마네티가 남긴 『브루니 추도 연설』의 필사본. 메디치-라우렌치아나
도서관 소장.

는 당돌함에 불쾌함마저 감추지 않았지만 이내 브루니
는 그를 동학으로 받아들이고 평생 아꼈다. 웅변가의 재
능을 알아보고 마네티가 공직의 길에 들어서도록 이끈
이도 브루니였다.

이를 고려하면 브루니가 생을 마감했을 때 피렌체가
자랑하던 이 당대 최고의 명망가를 기리는 추도 연설을
마네티가 맡게 된 것도 별반 놀랍지 않다. 특히 학자의
삶을 사회적 존재인 공인의 삶과 연결시켰다는 점에서
마네티는 브루니 이후 세대 가운데 그가 주창한 시민적
삶의 이상을 몸소 구현한 진정한 후계자였다.

곧추서 하늘을 올려다보는 인간

흥미롭게도 이 점은 『인간의 존엄성과 탁월함에 대하여』에도 여실히 반영되어 있다. 기실 이 작품은 13세기 초반 교황지상주의를 천명하며 기독교 세계를 호령하던 교황 인노첸시오 3세 Innocent Ⅲ 의 유명한 논고 『인간 조건의 비참함에 대하여』에 맞선 '르네상스인'의 진지한 응답이었다. 인노첸시오는 인간의 육체를 마치 벌레의 몸뚱이처럼 폄하하면서 인간의 현세적 삶은 비참함 그 자체라고 주장했다. 그에게 육체란 '영혼의 감옥'에 지나지 않았고, 인간이 현세에서 거둔 모든 일 또한 그저 덧없는 '허영'의 산물에 불과했다.

마네티에게는 교황의 이런 주장이 인간 삶의 육체적·물리적 측면을 혐오하고 그 논리적 귀결로서 현세 그리고 인간이 이 세계에서 거둔 온갖 위대한 업적들마저 부정하는 낡은 생각일 따름이었다. 마네티의 목적은 그런 인노첸시오의 주장을 밑동부터 허물면서 최고 존재로서 인간이 "이 세상에서 흥겹고 환희에 찬 삶을 살아갈 수 있다"는 점을 해명하는 것이었다.

그런 이유에서였다. 아름다운 육체와 고귀한 영혼이 결합된 인간이야말로 신이 창조한 최고의 피조물이라고 강조하면서 마네티는 인노첸시오에게 인간이 이룬 모든 업적을 되돌아보라고 이야기한다. 인간에게는 물질적 면모와 정신적 면모가 모두 존재하며, 그 두 측면이 조화롭게 결합될 때 비로소 인간이 인간다울 수 있다는 일견 단순한 생각이었다. 하지만 거기에는 인노첸시오는 물론이고 인간의 문제에 대해 성찰한 당대의 다른 지식인들과 뚜렷이 대비되는 마네티 특유의 생각이 깃들어 있었다. 마네티에 이르러 비로소 육체가 인간을 예찬하기 위한 필수적인 고려의 대상, 좀 더 엄밀히 말해 인간 존엄의 징표로 자리 잡기 시작했기 때문이다. 육체에 대한 적극적인 평가와 예찬이야말로 마네티의 범상치 않은 현세적 세계관이 시작되는 출발점이었다.

더욱이 이를 해명하기 위해 그는 고전고대 이교 지식인들에게 기대어 육체에 대한 논의를 풀어나갔다. 어쩌면 르네상스기의 휴머니스트들에게서 종종 엿보이는 고대에 대한 무비판적 수용이나 현학적인 자기 과시의 사례처럼 보일 수도 있다. 하지만 마네티는 인간에 관한 논의를 시작하기 위해 자신이 『성서』를 다시 읽을 수밖에 없었다고 말하며, 마치 스스로를 변호하듯 기독교 창조론에서 논의의 첫 실마리를 찾았다.

그가 주목한 것은 '신이 흙humus에서 인간을 빚어냈

16세기 후반에 제작된 마네티의
초상화. 우피치 미술관 소장.

다'는 지극히 진부한, 달리 말해 인간은 흙으로 만들어진
신의 보잘것없는 피조물에 지나지 않는다는 전통적인
창조 이야기였다. 그런데 더욱 의미심장한 것은, 그가 이
내 흙에 불과한 인간의 육체에 이성적인 영혼을 불어 넣
으면서 신이 인간에게 진정한 생명을 주었다는 또 다른
이야기로 시선을 옮긴다는 점이다.

　마찬가지로 새로울 것 없어 보이는 이 이야기에서 마
네티는 인간 존재의 의미를 새롭게 고찰하는 중요한 함
의를 발견했다. 마네티가 보기에 영혼의 소유자라는 바
로 그 사실 덕분에 오직 인간만이 하늘 위를 올려다보는
존재가 될 수 있기 때문이었다. 더욱이 마네티는 만약 그
런 인간의 육체적 형상을 염두에 둔다면 '흙'에서 인간

의 기원을 찾았던 기독교적 관념보다 '올려다보다'를 뜻하는 '안트로포스antropos'라는 그리스어가 잘 보여주듯 고대 이교도들의 생각 속에서 인간 존재의 참된 의미를 발견할 수 있다고 기회가 닿을 때마다 목청을 높였다. 이를 고려하면 이런 그리스의 관념을 이어받은 로마의 키케로와 초기 기독교 사상가 락탄티우스의 인간에 대한 논의가 마네티에게 호소력 있게 가 닿은 것은 지극히 자연스러운 일이었다.

키케로에 따르면, 설령 지상에서 나고 지상에서 살아가야 하는 존재지만, '올려다보는 자'라는 형상 덕분에 인간만이 천상의 세계를 응시하고 신들을 관조할 수 있는 '영혼을 지닌 존재'가 될 수 있었다. 비슷한 맥락에서 락탄티우스는 온몸을 땅에 누이고 그저 생물학적 허기만을 달래는 다른 피조물과 달리 인간만이 곧추선 자세로 하늘을 응시할 수 있는 존재라고 생각했다. 더욱이 그 덕분에 인간만이 이성적인 영혼의 힘을 빌려 더 고귀한 어떤 것을 성찰하고 문명을 일구어나가는 특별한 존재가 될 수 있었다. 마네티 역시 마찬가지였다. 그는 인간의 육체가 그 형태 자체에서 다른 모든 피조물을 능가한다고 강조했다. 오직 인간만이 허리를 굽히지 않은 '꼿꼿한' 자세로 '직립'할 수 있기 때문이다.

'인간은 능동적인 우주의 주인'

하지만 위험천만하게도 그의 이런 생각은 인간이 얼굴을 땅으로 향한 채 살아가야 하는 다른 생명체를 지배하고 통제하는 세상의 주인이 될 수 있다는 오만한 주장으로 이어진다. 물론 그가 볼 때 그토록 완벽하게 만들어졌기에 인간의 육체나 기관에는 그 어떤 불필요한 부분도 없다. 신의 이미지와 형상에 따라 인간이 만들어졌기 때문이다. 이와 관련해 마네티는 신이 만물을 창조하고 난 이후가 되어서야 비로소 인간을 만들었고, 그 인간에게 영혼을 불어 넣었다는 점을 새삼 부각시킨다. 그런 까닭에 인간이 "모든 피조물 가운데 가장 아름답고 현명하며 지혜롭고 고귀한" 존재가 될 수 있다는 것이었다. 이렇듯 그는 "유일하고 진정한 신의 닮은꼴"이라는 점에서 인간의 우주론적 지위를 찾았다. 고대 그리스인들의 생각처럼 그에게 인간은 소우주 그 자체였다.

더욱 의미심장한 것은 '신의 닮은꼴 인간'이라는 그의 주장에 인간이야말로 신에 버금가는 '제2의 창조자'라는 매우 급진적인 생각이 담겨 있다는 점이다. 마네티는 신이 인간을 위해 우주를 창조했다고 항변하면서, 역설적이게도 이 불경한 생각을 입증하기 위해 아우구스티누스에게로 시선을 돌린다. 그 자체로 완전무결하기에 인간을 비롯한 우주의 그 어떤 피조물도 신에게는 필요치 않다는 그 교부철학자의 권위 있는 주장에 기대어 오직 인간만을 위해 신이 세상을 창조했다고 설득하기 위해서였다. 전통적인 기독교 창조론과 완전무결한 존재라는 신에 대한 관념이 결합되어 교묘히 변주된 인간 예찬의 결정판처럼 들린다. 만약 "신이 세계를 만들고 창조한 것이 오직 인간을 위해서"라면, 지상 만물의 존재 이유 역시 인간을 위해서라는 다분히 오만한 인간 중심의 세계관이 담겨 있기 때문이다.

그렇다면 이렇게 창조된 세계에서 신이 만든 세계를

18세기 중반 프란체스코 알레그리니Francesco Allegrini가 에칭으로 제작한 마네티의 초상화.

이해하고 그것을 자신의 필요에 따라 변화시키면서 인간이 세계를 지배해야 한다는 것은 마네티에게 자연스러운 논리적 귀결이었다. 다시 말해 그에게 인간은 지성과 의지를 가진 존재로서 마치 창조주처럼 이 세계를 새롭게 발전시키는 능동적인 우주의 주인이었다. 그가 '이해'하고 '행동'하는 것이야말로 최고 존재인 인간이 지상에서 해야 할 본분이라고 강조한 것도 그런 맥락에서였다. 그는 자연을 이해하고 그에 맞추어 적절히 행동한다면 인간의 문명이 무한히 발전할 수 있을 것이라고 믿었다. 그리고 궁극적으로는 필멸의 존재인 인간이 신과 같은 불멸의 경지에 오를 수 있게 될 것이라고 주장했다.

물론 이와 같은 그의 생각에는 피렌체 상인의 현세적 세계관이 녹아들어 있다. 그가 진보를 가능케 한 인간 지성의 예로 항해술에 관한 논의를 그 출발점으로 삼은 것이 그 점을 잘 보여준다. 더욱이 같은 맥락에서 그는 당대인들이 거둔 예술적 성취를 거론하면서 고대인들과 견주어도 결코 빠질 데 없는 근대인들의 업적을 예찬했다. 흥미롭게도 이런 생각이 벼려지는 데는 휴머니스트 마네티의 역사적 감각이 작동했다.

그는 소크라테스에서 세네카, 단테에서 니콜리와 교황 니콜라스 5세에 이르기까지, 고대에서 자기 시대에 이르는 다양한 인물에 대한 전기를 남겼다. 그런데 거기에서 그가 중요하게 다룬 것이 바로 인간 지성의 작용, 즉 이해와 행동 그리고 기억을 통한 문명의 창조와 보존이었기 때문이다. 프로메테우스에게 불을 받아 문명을 개척한 신화 속 인간처럼 신에게서 영혼이라는 선물을 받은 인간은 이제 스스로 자유로운 문명의 개척자가 되었다. 지극히 현세적인 세계관, 대단히 활동적인 인간관, 놀라울 만큼 조숙한 진보적 역사관이 움트는 순간이었다.

'신이 인간의 형상'이라는 대범한 주장

생각하고 행동하는 존재, 문명을 일구는 존재, 궁극적으로는 그것을 통해 이 세계를 지배하는 존재. 이것이 마네티가 그린 인간의 초상이었다. 따라서 그에게 인간은 존엄할 수밖에 없었다. 아마도 이와 같은 그의 생각은 '인간이 신의 형상대로 창조된 것'이라기보다 '인간이야말로 가장 완벽한 존재이기에 아마도 신이 인간과 같은 형상일 것'이라는 대범한 주장에서 가장 명확하게 드러난다. 마네티에게서 심심치 않게 풍기는 불경의 냄새가 가장 짙게 감지되는 것도 바로 이 지점에서다. 따라서 앞선 세대의 몇몇 이탈리아인이 수정과 교정을 통해 인노첸시오의 논고에 수동적으로 답하려 했다면, 마네티는 그 13세기 교황의 생각을 완전히 뒤엎으려 했다고 해도 무리는 아닐 것이다. 인노첸시오는 물론이고 당대의 다른 이들과 달리 심지어 인간의 육체마저 예찬하면서 마네티가 너무도 분명한 현세적 세계관을 내놓았기 때문이다.

마네티에게 인간은 자연의 질서를 이해하고 자신이 이해한 바를 다시 자연에 적용해 문명을 일구는 존재였다. 또한 인간은 거기에서 한걸음 더 나아가 영혼의 지적 능력을 활용해 스스로 창조한 문명을 더욱 발전시켜 나간다. 마치 17세기 유럽 지성계를 뒤흔든 '고대인과 근대인의 논쟁'의 정리되지 못한 서막을 보는 듯하다. 시대를 앞서간 근대주의자 혹은 진보주의자의 향취 때문이다. 하지만 의미심장하게도 바로 그 때문에 마네티의 인간 예찬에는 오늘날 우리의 이맛살을 찌푸리게 만드는 석연치 않은 구석도 적지 않다. 신이 인간을 위해 우주를 창조했고, 그렇기에 우주의 모든 것이 인간을 위해 존재하고 인간의 지배를 받아야 한다는 바로 그 생각 때문이다. 문명이라는 미명 아래 오늘날의 유럽인들에게도 여전히 큰 그림자를 드리우고 있는 오만한 세계인식의 싹이 어렴풋하게나마 그 속에 똬리를 틀고 있는 듯하다.

르네상스 '만능인',
인간의 행위규범에 대해 성찰하다

"그는 매우 다재다능한 정신의 소유자였다.

가치 있는 기예 가운데 그가 통달하지 못한

그 어떤 분야도 찾아볼 수 없을 정도다."

1430년대 후반 3인칭 서술자의 목소리로 쓴 자서전에서, 알베르티는 이렇듯 자부심 넘치게 자신에 관한 이야기를 풀어놓기 시작했다. 스스로를 문학은 물론이고 음악과 조형예술, 심지어 마장술과 군사 분야에까지 능통한 다재다능한 인물로 포장했던 셈이다. 그리고 그와 같은 알베르티의 이미지는 르네상스인의 전형으로 회자되

17세기 전반 네덜란드에서
제작된 알베르티의 초상화.
우피치 미술관 소장.

며 오늘날까지 우리에게 강렬하게 각인되어 있다. 이 자
전적 기록에 환호한 부르크하르트가 그를 모든 문화적
요소에 통달한 '만능인uomo universale'으로 손꼽은 탓이
다. 19세기의 이 스위스 역사가에게 15세기 이탈리아는
집단주의라는 미몽 아래 인간의 정신이 지배되던 중세
적 질서에서 벗어난 새로운 세계였다. 주체적이고 천재
적인 인간들이 자유롭게 경합하면서 자신들의 재능을
분출하기 시작했던 것이다. 그가 보기에 알베르티는 단
연 그 선두주자였다.

흥미롭게도 당대의 이탈리아인들 사이에서도 이와 같
은 알베르티의 이미지가 그리 낯선 것만은 아니었던 듯

하다. 일례를 들어보자. 그와 가까웠던 피렌체의 신플라톤주의 철학자이자 시인인 란디노는 "알베르티를 어디에 자리매김해야 하는가? 그는 과연 어떤 지식인의 범주에 속하는가?"라고 물은 바 있다. 알베르티를 일반화하거나 어떤 특정 분야의 전문가라고 규정하기가 쉽지 않다는 토로였다. 물론 란디노의 이 질문은 알베르티가 당대 최고의 예술가이자 문학가임은 물론이고 자연의 질서를 수학적으로 규명하는 기하학, 심지어 점성술과 음악에까지 조예가 깊은 말 그대로의 만물박사라는 점을 강조하기 위한 반어적 표현이었다. 그런데 이 노골적인 상찬보다 더욱 흥미로운 것은 그가 알베르티에 대해 내린 마지막 평가가 아닐 수 없다. 란디노의 눈에 비친 알베르티는 시대가 요구한 다양한 사회적·제도적 맥락에 맞추어 자신의 개인적인 문제를 성찰하고 이를 바탕으로 끝없이 색깔을 바꾼 '카멜레온' 같은 인물이었다.

일반적으로 알베르티는 조화와 균형을 중시한 고전 고대의 미의 관념을 되살려 이를 회화와 건축 등 르네상스 조형예술에 적용시킨 미술가로 널리 알려져 있다. 특히 르네상스기 최고의 발견 가운데 하나로 간주되는 '원근법'의 원리를 해명한 것에서 잘 드러나듯이, 알베르티는 미의 보편적 기준을 수학적 질서에 접목하고 이를 이론적 차원에서 규명한 르네상스기 최고의 미술이론가로 평가된다. 오늘날 우리가 피렌체를 비롯한 이탈리아 곳곳의 여러 도시에서 그가 남긴 예술적 흔적을 어렵지 않게 찾을 수 있는 것도 그 때문이다. 피렌체에서 추방된 망명 가문의 서자로 태어나 평생 이탈리아 전역을 정처 없이 오가야 했던 방랑자 알베르티에게, 그 꽃의 도시는 물론이고 로마와 페라라 등의 여러 궁정에서 그의 해박한 미술적 식견이 필요할 때마다 우호의 손길을 내밀곤 했기 때문이다. 이런 기대에 부응하듯 알베르티 역시 특유의 고전적 감수성과 미적 취향을 녹여낸 여러 자취를 자신이 거쳐간 도시들 곳곳에 남겨놓았다.

만물박사 혹은 카멜레온 같은 만능인의 이면

하지만 대표적인 도덕 논고 『가족론』에 잘 나타나듯이, 알베르티는 당대의 어느 누구에게도 결코 뒤지지 않는 뛰어난 고전학자이자 다산적인 저술가였다. 게다가 그는 자신이 쓴 거의 모든 도덕적·풍자적 작품에 자신의 실제 경험을 알게 모르게 새겨놓았다. 그렇기에 설령 허구의 문학작품이라는 외양을 하고 있더라도, 그가 쓴 여러 논고에는 자전적 어조로 채색된 '개인적 드라마'라는 공통된 서사구조가 관통하고 있다. 더욱이 바로 그럼으로써 알베르티는 자신과 자신을 둘러싼 외부 세계 사이의 관계를 냉철하게 재현했다. 알베르티가 고매한 학자라기보다 시대의 비평가로 불릴 수 있는 것도 바로 그 때문이다. 이를 고려하면 란디노가 묘사한 '카멜레온' 같은 알베르티는 그저 그의 다재다능함이나 천재적인 면모만을 뜻하는 것으로 보면 안 된다. 보편질서가 지배하던 중세 사회의 균질성이 급속히 해체되어가던 환경 속에서, 그 외부 세계와 조응하고 타협해야 했던 새로운 인간의 모습이 그 속에 적나라하게 투사되어 있기 때문이다.

그의 자서전이 우리에게 특히 역설적으로 읽히는 것도 그런 까닭에서다. 여기에서 알베르티는 어쩌면 위선적이고 비도덕적으로 비칠 수도 있는 자신의 모습을 마치 자신과 아무런 관계가 없는 타인에 대해 기술하듯 냉담하게 그려낸다. 스스로의 진술에 따르면, 알베르티는 "어떤 점에서도, 심지어는 암암리에도, 다른 사람들의 비판을 피하기 위해, 반복하고 반복해서, 아주 열심히 자신의 행동에 주의를 기울였다." 인간 사회에는 누군가의 삶을 망쳐놓기 위해 언제나 눈을 부릅뜨고 그를 지켜보는 '모략가'들이 들끓고 있으며, 따라서 자신은 그런 이

우피치 회랑에 세워진
알베르티의 조각상.

들의 애꿎은 비판을 피하기 위해 사소한 행동거지 하나
하나에조차 온갖 주의를 기울여야 했다는 회고담이었
다. 알베르티의 이야기는, 자신이 언제나 "삶의 모든 면
에서, 몸짓 하나하나에서, 그리고 말 한마디 한마디에서

선한 의지를 가진 선한 사람이 되기를, 또 그렇게 보이기를 원했다"는 것으로 이어진다.

일견 진부해 보이는 그의 진술이 더욱 의미심장하게 느껴지는 것은 여기에서 알베르티가 그저 '어떻게 행동해야 하는가'라는 도덕적인 문제에만 주목하지 않았기 때문이다. 오히려 그는 행위 자체보다 다른 이들의 눈에 '어떻게 보이도록 할 것인가'의 문제에 더욱 천착했다. 그에게는 자신을 지켜보고 평가하는 외부의 시선이 더욱 중요하게 다가왔던 탓이다. 물론 서출로 태어난 신분적 한계 때문에 어릴 적부터 그가 감내해야 했던 암울한 과거의 경험에서 이런 조숙한 생각이 비롯했을 터다.

더욱이 이런 맥락에서 그는 "인위적인 것에 인위적인 것을 더함으로써, 그것을 통해 아무것도 인위적으로 보이지 않게 만들면서", 다른 이들의 눈에 거슬리지 않도록 자신이 언제나 노력을 기울여왔다고 되풀이해서 이야기한다. 외부 시선에 대한 자각과 그것이 개인의 삶에 가져올 수 있는 파괴적인 결과에 대한 성찰이 알베르티의 행동을 결정하는 근본 원리로 자리 잡고 있었다는 반증이다. 모순처럼 들릴 수도 있지만, 인간 존재의 문제를 도덕 담론을 통해 재현한 '비도덕주의자'의 노회한 자기 합리화나 다를 바 없어 보인다.

그렇다면 전 생애에 걸쳐 올바른 행동윤리를 함양하고 이를 통해 마음의 평안을 찾으려 했다는 자서전에서 알베르티의 주장이 곧이곧대로 들리지만은 않는다. 지극히 실용적인 현실주의자가 자신의 또 다른 면모를 감추기 위해 내놓은 일종의 잔꾀처럼 생각되기 때문이다. 메디치 가문의 부상이 예증하듯이, 그리고 신분적 한계를 극복하고 르네상스기의 정치적·문화적 상징으로 떠오른 포조나 스칼라 등 당대의 여러 '벼락 출세자'들이 생생하게 보여주듯이, 15세기의 이탈리아는 능력에 따른 신분의 이동이 더는 낯설게 느껴지지 않는 상당히 유동적인 사회였다.

또한 그렇기에 르네상스기는 치열한 경쟁의 시대이자 그 경쟁에서 살아남기 위한 의도적인 자기포장의 시대였다. 한마디로 르네상스기의 이탈리아는 어느 누구도 타인의 시선에서 벗어날 수 없는 작고 위험한 세계였다. 이를 염두에 두면 알베르티야말로 이처럼 복잡하고 위험한 사회에서 살아갈 수밖에 없는 한 개인의 존재론적 위기의식이 낳은 상징적인 인물이 아니었을까.

세계라는 극장, 그 무대 위에 선 연기자 개인

알베르티가 적절함이나 방정함 또는 우아함 등으로 옮길 수 있는 고전문학의 이상 '데코룸decorum'을 단순한 문학이나 예술의 규범을 넘어 사회적 존재로서 인간이 지켜야 할 행위규범으로 평생 강조한 것도 그와 무관하지 않다. 오늘날의 한 르네상스 역사가가 자신을 둘러싼 정치적·사회적·지적 환경의 실체를 냉철하게 깨닫고, 그 속에서 어떻게 균형을 찾을 수 있을 것인지의 문제가 알베르티의 삶과 사고를 관통한 요체였다고 이야기한 것도 그런 맥락에서다. 우리에게는 1450년경 피렌체에서 제작된 초상메달 하나가 바로 이 점을 입증하는 시각적 증거가 될 만하다. 마테오 데 파스티Matteo de' Pasti가 알베르티의 얼굴을 재현해서 제작한 초상메달이 바로 그것이다. 의미심장하게도 이 메달의 뒷면에 이후 알베르티를 상징하는 엠블럼으로 간주되는 유명한 '날개 달린 눈'이 조각되어 있고, 그의 삶의 모토가 되는 '퀴드 툼QUID TUM'이라는 어구가 새겨져 있기 때문이다.

인간이라면 기민하게 주위를 둘러보고 그에 기초해 사려 깊게 행동함으로써 명예를 획득해야 한다는 의미를 담고 있는 '날개 달린 눈'은 알베르티 도덕 관념의 시

마테오 데 파스티가 1450년경에 제작한 알베르티 초상메달의 앞면과 뒷면. 피렌체 바르젤로 미술관 소장.

각적 표상이었다. 알베르티의 또 다른 도덕 논고 『저녁 식사 가운데』의 우화 한 편에서는 이 점이 잘 드러나 있다. 미네르바 신전에서 제작된 열두 반지 가운데 하나에 바로 똑같은 형상이 담겨 있기 때문이다. 그에게 날개 달린 눈은 인간이 갖추어야 할 필요조건이자 행동윤리의 기초였다. 그렇다면 이후 인간에게 남은 것은 무엇인가? 달리 말해 '다음은 무엇인가Quid tum?' 알베르티에게 인간은 사회적 존재였고, 따라서 가변적인 사회의 요구에 맞추어 끝없이 스스로의 모습을 변화시키면서 살아가야 하는 것이 인간 삶의 숙명이었다. 흥미롭게도 알베르티의 여러 문학작품은 대개의 경우 마치 풀리지 않은 수수께끼처럼 여운을 남기며 뚜렷한 결말 없이 종결되곤 한다. 분명 삶의 개방성 혹은 무한한 가능성을 염두에 둔 알베르티의 모토 '퀴드 툼'이 문학적 양태로 표현된 것일 테다.

15세기 초반 피렌체의 휴머니스트 포조는 사회를 '세계의 극장'이라는 말로 표현한 바 있다. 그렇다면 알베르티는 극장 혹은 무대인 사회에 올라 언제나 관객을 의식하고 연기해야 하는 배우와도 같은 인간의 실존적 모습을 그려낸 것이 아닐까? 자서전에서 언급했듯이, 무기교의 기교라는 모순어법을 통해서만 비로소 이해 가능한 알베르티의 행위윤리는 바로 연기자인 인간이 지녀야 할 덕목이었던 셈이다. 알베르티의 초기 작품 『학문의 유용성과 무용성에 관하여』는 이처럼 농익은 생각이 어떻게 그의 마음속에 자리 잡게 되었는지를 보여주는 준자전적 저작이다. 학문 세계에 막 발을 들여놓은 신출내기 학자가 감내해야 하는 고통과 장차 지식인의 삶을 어두운 색조로 물들이게 될 험난한 여정이 더할 나위 없는 현실주의자의 목소리로 그 속에 재현되어 있기 때문이다.

그의 논조는 지극히 염세적이고 냉소적이다. 물론 알베르티는 진리 자체에 헌신한다는 즐거움과 그것이 선사할 수 있는 명예를 고려하면 학문적 삶이 여전히 가치

알베르티가 1435년경에
제작한 것으로 추정되는
자화상을 새긴 초상메달.
워싱턴 국립미술관 소장.

있는 일이라고 이야기한다. 하지만 설사 그것이 자신이
소중히 여기는 삶의 원리라고 해도 그는 "내가 무엇이 인
간에게 실제로 유용한 것인지에 대해 알지 못하는 한 거
의 불필요한 것"이라는 말을 잊지 않고 덧붙인다. 더군
다나 지식인의 주변에는 그들의 "명성을 산산조각 내려
는" 적개심으로 무장한 사람들이 언제나 어슬렁거리고
있다. 그렇다면 하찮은 농담꾼이나 볼품없는 부랑아로
취급받지 않기 위해서라도 지식인은 어쩔 수 없이 "스스
로의 판단이나 자유가 아닌, 대중의 가장 신랄한 비판에
맞추어 살아가야 한다"는 것이 그가 내린 자조적인 결론
이었다. 르네상스라는 위험하고 공적인 세계에서 기민
하게 외부의 시선에 대처해야 했던 지식인의 이율배반
적인 모습이 투영된 듯하다.

알베르티가 15세기 중반 설계에 참여해 제작한 피렌체 산타마리아
노벨라 교회의 파사드.

'사회적 인간'에게 진짜 필요한 것

물론 르네상스기의 다른 지식인들처럼 알베르티도 인간
을 지성과 이성을 보유한 영예로운 존재로 예찬했다. 하
지만 그에게 인간의 존엄성은 어느 누구에게나 동일하
게 주어지거나 고정된 것이 아니라 "인위적으로 완성되

고 학문과 기민함을 통해 연마되고 정제"될 때 비로소 고양될 수 있는 어떤 것이었다. 이것이 그가 인간의 명예를 공적인 차원에서 새롭게 평가한 이유였다. 알베르티는 인간의 명예는 결코 개인적인 고독이나 여가가 아니라 "광장에서 생겨나는" 것이고, 인간의 덕은 "업적을 통해 드러나지 않으면 인식될 수 없는" 공적인 것이라고 주장했다. 달리 말해 인간 삶의 모든 성패가 그가 표현하고 보여주는 예술적 제스처에 따라 결정된다는 의미다. 일종의 '인위성 게임'인 셈이다. 스스로가 몸소 보여주었듯이, 알베르티는 인간은 카멜레온이 되어야 한다고 믿었다.

그렇다면 카멜레온이 되기 위해 필요한 것은 무엇일까? 그는 『가족론』에서 이렇게 말한다. 인간에게 "제일 필요한 것은 덕이나 부가 아니라 제가 이름 붙이지 못한 어떤 것, 다시 말해 다른 사람들을 매료시키거나 누군가를 다른 이들보다 더 사랑받도록 만드는 어떤 것이라고 생각되지 않습니까? 이것은 제가 모르는 어딘가에 있는 무엇입니다. 그것은 한 인간의 얼굴 속에, 눈 속에, 행동 방식에, 그리고 외양에 자리 잡고 있으면서, 그에게 어떤 우아함과 정숙한 아름다움을 주는 것입니다. 저는 그것이 무엇인지 결코 말로 표현할 수 없습니다."

이는 사회적 존재인 인간에 대한 깨달음이 가져온 예기치 못한 고뇌의 표출이다. 그리고 그 고뇌가 고전적 이상에 충실했던 르네상스인과 만나면서 '명명하기 어려운' 인간의 행위규범으로 갈무리되는 의미심장한 장면이다. 분명 덕이 아닌 덕의 외양이 필요하다는 낯선 주장이었다. 우리는 이런 생각이 곰비임비 쌓여 약 한 세기가 지난 뒤인 16세기 초, 카스틸리오네가 이를 거스를 수 없는 궁정문화의 규범으로 그리고 궁정인의 예법으로 만들어나가는 미학적 과정을 곧 만나게 될 것이다.

반항적 수사학자,
역사적 비판의식을 일깨우다

1443년 초겨울 발라는 오랫동안 알고 지낸 로마의 추기경 트레비산Ludovico Trevisan에게 편지를 보내, 세 해 전 자신이 쓴 책에 대한 소회를 전했다. 오늘날까지 르네상스 비판정신의 정수로 회자되는 『위작 콘스탄티누스 기진장寄進狀에 대한 연설』이 그것이다. 널리 알려진 것처럼 이 논쟁적인 저작에서 발라는 특유의 언어적·역사적 접근법을 활용해 중세 내내 교회 중심의 정치질서를 견고히 지탱해오던 『콘스탄티누스 기진장』이 날조된 위작임을 적나라하게 폭로했다. 약 한 세기가 지나면 북유럽의 여러 종교개혁가에게 그들이 주창하게 될 새로운 개혁신학의 영감이자 가톨릭교회를 비판하는 묵직한 근거로 작용하게 될 엄청난 폭발력을 지닌 문제작이 탄생하는 순간이었다. 발라가 『콘스탄티누스 기진장』의 허구성은 물론이고 그것이 함의하는 교황청 자체에 대한 세찬 공격을 거리낌 없이 표출했기 때문이다.

여전히 교황과 교황청의 힘이 무시 못 할 영향력을 행사하던 시대에 이는 분명 목숨마저 위태롭게 만들 수도 있는 위험천만한 주장이었다. 그렇다면 그 위험에 대한 노련한 수사가의 선제적인 대응이었을지도 모른다. 이 연설의 서문에서 발라는 자신이 펜을 들게 된 것은 오직 "진리와 정의의 수호"를 위해서라고 소리 높여 항변했다. 자칫 반교황 혹은 반교회 정서가 불러올 수도 있는 위험을 사전에 상쇄하기 위해서였을 테다. 트레비산에게 보낸 편지도 마찬가지였다.

하지만 발라의 신변을 염려해 작품을 철회하거나 그 일부라도 수정하라고 조언한 로마의 그 지인에게, 그는 오히려 이 연설을 쓰게 된 이유를 조심스러우면서도 더욱 당당하게 변호했다. 혹자들의 의혹처럼 "교황에 대한 적개심" 때문이 아니라 오직 "진리와 믿음 그리고 그와 함께 어떤 명예를 위해" 작품을 쓰게 되었다는 것이 그의 항변이었다. 따라서 이제 그는 『위작 콘스탄티누스 기진

16세기 후반 독일에서 제작된
발라의 초상.

장에 대한 연설』에 관한 판단을 다른 이들의 손에 맡기
겠다는 소신을 트레비산에게 전했다.

언어로 '진짜 역사'를 찾으려 한 수사가

15세기 전반을 풍미한 수많은 지식인 가운데서도 로렌
초 발라는 단연 강단지고 성미 급한 휴머니스트 수사가
였다. 쉰 남짓의 그리 길지 않은 인생 동안 그는 상식과
언어 관례에 천착하는 새로운 언어철학적 사유방법을
강조하면서 아리스토텔레스의 사변적 철학에만 매달린
당대의 스콜라주의자들을 가차 없이 공격하기도 했고,

기독교사상과 에피쿠로스주의를 결합해 '진정한 선'의 의미를 묻는 사뭇 위험천만한 논의를 펼친 적도 있었다. 또한 그리스어 텍스트에 기초해 히에로니무스의 『불가타 성경』에 문제를 제기하는 등 크고 작은 문제작들을 내놓으면서 논란의 중심에 서곤 했다. 한마디로 발라는 내로라하는 당대 최고의 지식인들과 볼썽사나운 논쟁을 벌이는 일도 결코 피하지 않은 전투적인 인간이었다.

하지만 이렇듯 시대의 '문제아'였음에도 수사가 발라는 그 특유의 언어관 덕택에 르네상스 휴머니즘뿐만 아니라 근대 초기 유럽 사회에서 언어에 기초한 새로운 철학이 탄생하는 데 적지 않은 영향을 끼쳤다. 이후 북유럽 휴머니즘의 대표주자로 성장하는 에라스뮈스가 그의 지적 세례를 받은 대표적인 인물이었다.

발라에 따르면, 언어는 '관습'에 지나지 않으며, 관습은 시대에 따라 변화한다. 이런 생각에 기초해 그는 언어를 '권위'나 '이성' 따위의 외적 기준에 따라 고정된 것이 아니라 역사적으로 변화하는 실체라고 강조했다. 이 때문에 그에게는 언어가 실제로 쓰이는 방식, 다시 말해 용례usus야말로 라틴어를 이해하는 유일한 기준이었다. 특히 이와 관련해 발라는 15세기 중엽을 떠들썩하게 만든 언어 논쟁에서 선배 지식인 포조를 향해 날선 비판도

서슴지 않았다. 그가 볼 때 포조는 근거 없는 문법적 추론에 기대 정확하고 올바른 라틴어를 강조하면서 언어가 실제로 쓰이는 방식을 간과했다. 한마디로 '올바른'이라는 올바르지 못한 관념에 기초해 전통과 권위만을 맹목적으로 추종하면서 포조가 언어의 용례를 무시하는 어리석음을 범한다는 힐난이었다.

흥미롭게도 포조와 벌인 논쟁에서 나타난 발라의 입장은 사물이나 대상은 오직 시간 속에서 그 존재 의미를 지닐 수 있다는 '역사의식'과 맞닿아 있었다. 『위작 콘스탄티누스 기진장에 대한 연설』은 바로 그런 조숙한 생각이 가장 극적으로 표출된 문제작이다. 오늘날의 시각에서 볼 때 중세 유럽은 위조가 만연한 데다 심지어 공인되기까지 한 낯선 세계였다. 정의나 윤리, 가치관 등 그 무엇이 되었든 자신들이 설정한 기준에 부합하는 한 중세인들에게는 거짓이나 기만, 심지어는 그 어떤 위조조차 심각한 도덕적 문제를 초래하지 않았던 탓이다.

설령 오늘날의 기준에서는 부도덕한 위선의 결과로 보일지 몰라도, 중세인들에게 그것은 일어난 일과 올바른 질서를 일치시키는 정당한 행위였다. 『콘스탄티누스 기진장』은 이와 같은 중세인들의 사고방식을 가장 잘 보여주는 문헌적 증거이자 유럽 역사에 가장 커다란 영향을 끼친 위조문서 가운데 하나다.

황제의 칙령이라는 외피를 두른 그 내용을 그대로 받아들인다면, 312년 도시 로마를 함락한 후 얼마 지나지 않아 콘스탄티누스Constantinus 황제가 개종했고, 그 후 약간의 시간이 흐른 뒤인 310년대 중·후반의 어느 시점에 그와 당시의 교황 실베스테르Silvester 사이에서 이후 서유럽 역사에서 큰 의미를 지니게 되는 중요한 증여 행위가 이루어졌다.

황제 콘스탄티누스가 기독교로 개종하면서 제국의 서부 지역에 대한 자신의 모든 권리를 교황 실베스테르와 그의 후계자들에게 양도했고, 그에 따라 이후의 교황들이 서방 세계에서 황제의 역할을 수행하게 되리라는 내용이 골자였다. 교회의 편에서 생각하면, 분명 이 기증은 교황의 영적 수월성을 확인해주고 세속 세계에 대한 교회의 지배권을 보증하는 기념비적인 사건이었다.

이를 감안하면 그 사건을 기록한 『콘스탄티누스 기진장』은 교회국가의 존립 근거를 제공하고, 교황청이 줄곧 강조한 교회권력을 정당화하는 이데올로기적 도구나 다름없었다. 이것이 바로 중세가 번성하던 시기 내내 이 위조문서가 끝없는 생명력과 강한 정치적 영향력을 발휘할 수 있었던 핵심적인 이유다. 교회 중심의 '올바른'

정치질서에 부합하는 한, 누구도 그것이 담고 있는 기증 행위에 의혹을 제기하기 어려웠던 탓이다. 그러므로 세속 세계에 대한 교회의 물리적 영향력이 커질수록 그만큼 『콘스탄티누스 기진장』의 권위 역시 증대되었고, 그에 발맞추듯 교회의 복음주의적 순수성은 점차 훼손될 수밖에 없었다.

이 증여가 사실임을 확인해주는 문서가 날조된 위작이라는 발라의 주장이 교황의 권위와 그에 기초한 중세의 정치질서를 그 뿌리부터 흔드는 일대 격변과 다를 바 없는 커다란 충격으로 받아들여진 이유도 바로 그 때문이다. 더욱이 발라는 거짓 문서에 의존해 세속적 지배마저 탐하면서 기독교 교회가 속절없이 더럽혀졌으며, 만약 이 문서가 위조되었다면 교회가 주장하던 모든 권력의 정당성 또한 그 근거를 잃게 될 테고, 따라서 교황의 권력도 세속군주들에게 되돌아가야 한다고 목청을 높였다. 발라는 진실과 거짓이라는 뚜렷한 이분법적 구도 아래 콘스탄티누스의 기증 자체를 부인하면서 교회 지배의 신정정치를 지탱하는 교리적 권위로서 『콘스탄티누스 기진장』이 누리던 문서적 위상을 거침없이 파괴했던 셈이다.

시대착오와 시대적 맥락에 따른 기록 읽기

그렇다면 충분히 예상할 수 있는 일이었다. 이내 이 저작의 위험성이 감지되고, 발라에 대한 갖가지 위협이 나타나기 시작했던 것이다. 트레비산에게 보낸 편지는 바로 그런 상황이 낳은 시대의 초상화였다. 그리고 이를 감안한다면, 1559년이 되어서야 비로소 이 작품이 교황청의 『금서목록』에 오르게 된 것은 적어도 교회의 입장에서 볼 때 너무나 당연하면서도 김 샐 정도로 한참이나 뒤늦은 사후처리처럼 보이는 것도 사실이다.

　그와 관련된 저간의 사정이나 그 속에 자리 잡고 있었

콘스탄티누스의 기증을 묘사한 13세기 로마의 프레스코화.

을 정치적 속내는 제쳐두더라도 더욱 우리의 이목을 끄는 것은 여기에 나타난 '역사가' 발라의 면모다. 다른 무엇보다 이는 『콘스탄티누스 기진장』의 허구성을 증명하기 위해 발라가 문헌비평과 비판적 사고에 입각한 근대적 역사의식이나 역사방법론의 전형을 도입했기 때문이다. 오늘날의 한 역사가가 발라의 이 연설을 탈권위적 비판정신과 역사의식으로 대변되는 '르네상스 개념' 자체를 상징하는 문서로 간주한 것도 그런 이유에서다.

발라는 르네상스기 수사가 특유의 웅변으로 작품의 문을 연다. 마치 변론대에 선 키케로마냥 황제 자신은 물론이고 그의 아들들과 교황 그리고 당대의 로마인 어느 누구에게도 이 기증이 온당하게 여겨질 수 없었을 것이라고 열변을 토하는 상상의 연설이 그의 논의의 기폭제가 되는 것도 그런 수사가의 능력 덕분이다. 그리고 이후 그는 본격적으로 문서 자체에 초점을 맞추어 콘스탄티누스 기증의 허구성을 하나하나 까발리기 시작한다. 자신의 논점을 증명하기 위해서는 기증의 내용을 담고 있는 '특전문서' 자체에 초점을 맞추어야 한다는 것이 그의 대담하고 도전적인 생각이었다. 그것이 바로 콘스탄티누스와 실베스테르 사이에 오간 기증의 진실성을 주장한 수많은 사람이 자신만만하게 내놓던 상투적인 해결책이었기 때문이다.

　한편 발라의 논의방식이 현학적이고 융통성 없어 보이는 것도 사실이다. 그가 불필요하게 생각될 만큼 『콘스탄티누스 기진장』의 구절을 그대로 재인용한 후 그것들을 조목조목 비판하면서 자신의 논지를 펼쳐나갔던 탓이다. 또한 그렇기에 그는 당대 최고의 문법학자이자 성마른 지식인으로서 그 위조문서에 나타난 시제나 어법상의 오류, 부적절하거나 조야한 표현 등에 대한 특유의 조롱도 결코 마다하지 않았다. 하지만 역사문서의 진실성을 검증하기 위해 그에게 더욱 중요한 것은 '시대착오'라는 새로운 개념을 통해 해당문서를 비판적으로 읽는 일이었다. 용례를 강조하면서 맥락에 따라 특정 단어

발라 언어관의 정수로
평가되는 『라틴어의
우아함에 관하여』의
15세기 필사본.

나 용어의 의미를 해명하려던 발라의 언어관이 역사문헌을 읽고 해석하는 데도 똑같이 작동했던 것이다.

달리 말해보자. 『콘스탄티누스 기진장』에 등장한 어떤 단어나 용어 혹은 언어적 관례가 그것이 작성되었다고 추정되는 시기에 쓰일 수 없는 것이라면, 그것이 곧 그 문서가 후대의 어느 시점에 위조되었거나 만들어졌다는 점을 입증하는 증거로 기능할 수 있다는 논리였다. 일례로 발라는 도시 로마의 특정 관료를 지칭하는 사트라프Satrap가 이 문서에 끼어든 것에 주목한다. 사트라프는 대략 8세기 후반이 되어서야 로마에 나타나기 시작한 계층이었고, 따라서 콘스탄티누스 시대에는 결코 존재할 수 없는 용어였기 때문이다. 이에 따라 그는 『콘스탄티누스 기진장』의 저자를 '불한당' 혹은 '범죄자'로 호명하며, "이게 도대체 무슨 말인가? 대체 당신은 어떻게 여기에 사트라프를 끼워 넣기를 원하는가? 이 멍청하고 어리석은 인간아"라고 독설을 쏟아냈다. 발라는 그 문서에 콘스탄티누스가 살았던 4세기에는 결코 존재할 수 없는 단어가 버젓이 쓰여 있다는 점을 꼬집었다.

그렇다면 '시대착오'라는 관념에 기초해 사건의 변화를 추적하면서 서로 다른 시대의 차이를 판단하는 역사학 고유의 사고가 발라의 『콘스탄티누스 기진장』 비판에 그대로 적용되고 있다고 해도 큰 무리는 아니다. 물론 발라는 특정 단어의 시대착오적 오류를 밝히는 데만 머물지 않았다. 그와 함께 그는 문서에 담긴 내용을 그것이 쓰인 시대적 상황 속에 놓으면서 그 진위 여부를 검증하려 했다. 이런 시각에서 보자면 콘스탄티누스가 결코 읽지 못했을 성서적 표현이 곳곳에서 차용되고 있고, 또 아직 기독교 도시로 성장하지 못한 콘스탄티노폴리스가 중요한 주교좌 도시로 언급되는 것도 그에게는 허무맹랑한 거짓말이 될 수밖에 없었다. 주어진 문서를 생산된 시대적 맥락 속에서 비판적으로 읽고, 그럼으로써 그 문서에 담긴 내용의 역사적 개연성을 검증하려 했다는 점에서 발라는 오늘날의 역사가와 별반 다르지 않았다.

'비판 없는 학문'의 존재 가치를 묻다

"거짓말을 하려면 기억력도 좋아야 한다"는 옛 경구를 던지면서 문서를 위조한 이를 비웃는 발라의 태도에는 휴머니스트 특유의 냉소가 담겨 있다. 하지만 그 아래에는 역사적 사실에 얼마나 부합하는지가 어떤 문서의 진실성을 담보할 수 있다는 근대 역사가의 면모가 숨어 있

19세기 말 마우로 베니니Mauro Venini가 조각한 발라의 흉상. 현재 로마의 핀초 넬 비알레 델롤로지오에 있다.

다. 시간에 대한 역사가 본연의 감수성이 그 속에 녹아 있기 때문이다. 그는 『콘스탄티누스 기진장』을 꼼꼼히 읽고 거기에 언급된 여러 사실을 차례차례 검토한 후, 자신은 이미 그것들에 대해 잘 알고 있다고 말했다. 하지만 '의미심장하게도' 이내 그는 무심한 어조로 그것들이 모두 "콘스탄티누스 이후의 시대에 관해" 이야기하고 있다고 덧붙였다. 콘스탄티누스와 실베스테르 사이에서는 그 중요한 기증 행위가 결코 이루어질 수 없었다는 강력한 표현이다. 시대착오적 단어의 용례에 주목하고 역사적 맥락에서 문헌의 내용을 검증하는 엄정한 문헌비평 방식을 통해 '역사가' 발라가 내린 결론이었다.

역사가 발라에 대한 우리의 이야기에서 어쩌면 곁가지처럼 보일 수도 있는 사족 하나를 덧붙이는 것도 의미가 없지는 않을 테다. 발라는 무언가를 그대로 받아들이기보다 그것을 곱씹고 재해석하는 비판적인 태도야말로 학자들이 가져야 할 가장 중요한 자세라고 강조했다. 고대인들의 권위와 전통을 무시하고 자신만이 옳다고 주장하는 오만과 독선의 소유자라는 비판이 종종 그에게 가해지곤 했던 것도 그 때문이다.

이를 염두에 두면 『위작 콘스탄티누스 기진장에 대한 연설』을 쓴 그해 여름, 그가 한 친구에게 던진 질문은 더할 나위 없이 인상적이다. "어떤 분야가 되었든 학문 세계에서 앞선 이들을 비판하지 않고 글을 쓴 이들이 누가 있었는가? 다른 이들의 오류, 그들이 누락하거나 과도하게 진술한 무언가를 날카롭게 지적하지 않는다면, 글을 쓰는 다른 어떤 이유가 있겠는가?" 급진적이고 전투적인 그의 성정이 그대로 담겨 있는 듯하다. 하지만 그 속에 숨어 있는 비판의식을 놓친다면 어쩌면 발라를 한낱 고집불통의 싸움닭으로만 치부하게 될지도 모른다. 깊이 있는 '역사의식'을 놓칠 수 있기 때문이다. 성마른 지식인 발라는 그렇게 새로운 시대를 열고 있었다.

최고의 고고학자,
로마에서 유럽 정체성의 고향을 찾다

1460년 비온도는 몇 년간 집필에 매달려온 자신의 대표작 『승리의 로마』를 드디어 마무리했다. 다양한 저작을 통해 이미 로마 전문가로 인정받고 있던 그에게 이후 최고의 고대학자라는 명성을 선사할 또 다른 걸작 하나가 탄생하는 순간이었다. 고대 세계를 이상향으로 여긴 르네상스 특유의 세계관이 짙게 배어 있는 이 책에서 그는 종교나 행정 그리고 관습에서 군사력에 이르기까지 고대 로마의 모든 것을 마치 백과사전을 기술하듯 하나하나 검토했다.

'과연 무엇이 로마를 위대하게 만들었는가'라는 휴머

니스트 본연의 질문을 던지고 그에 대한 스스로의 해답을 찾으려 한다는 점에서,『승리의 로마』는 고대 로마를 향한 평생의 경외감과 그 로마 문명을 복원하겠다는 비온도의 열망이 절정에 달한 일종의 완결판이라고 할 수 있다. 그런데 책의 내용만큼이나 비온도가 교황 비오 2세 Pius Ⅱ에게 보낸 헌정서 격의 서문이 우리의 눈과 귀를 집중시킨다. 고대 로마가 이룬 위업이 그저 한갓진 경외의 대상에 그치기보다 자기 시대가 따라야 할 모범이 되어야 마땅하다는 비온도의 믿음이 거기에 완연히 드러나 있기 때문이다.

비온도는 1430년대 초반에 교황청의 관료로 로마에 첫발을 들여놓았다. 당시 로마는 오늘날의 우리가 부지불식간에 떠올리곤 하는 찬란한 이미지와는 전혀 다른 세계였다. 그와 함께 교황청의 서기국에서 일한 선배 지식인 포조의 기록에 생생하게 묘사되어 있듯이 포로 로마노를 비롯한 여러 유적지는 그저 양떼들이 노니는 목초지나 황폐하게 버려진 쓸모없는 땅에 불과한 경우가 허다했고, 폐허 속에 파묻힌 크고 작은 유물들도 하찮은 쓰레기마냥 발부리에 채이기 일쑤였다. 모든 것을 삼켜버리는 크로노스의 힘 앞에서 영광스러웠던 과거의 로마가 하릴없이 묻혀버렸기 때문이다. 비온도는 이런 상

16세기 바젤에서 제작된
비온도의 초상화.

황을 개탄하고 로마를 옛 모습 그대로 복원하고 기록하
는 데 일생을 바쳤다.

　비온도야말로 유적과 유물에 대한 고고학적·지형학
적 연구와 고전 문헌 연구를 하나로 결합하려 시도한 당
대 최고의 로마학자이자 호고주의자였던 셈이다. 또한
그것이 바로 물질적 차원과 정신적·제도적 차원 모두를
고려해 옛 세계를 그대로 복원하는 것을 목적으로 하는
독립된 학문 분과로서 르네상스기에 출현한 '호고학ars
antiquaria'의 진정한 선구자로 비온도가 손꼽히는 이유
다. 페트라르카 이래 르네상스기의 휴머니스트들은 퇴
락한 문화를 개선하기 위해서는 자신들이 모범으로 삼

은 로마가 현실에서 재건되어야 한다고 생각했다. 물론 그것을 위해서는 필요한 모든 자료를 수집하고 정리하는 일이 선행되어야 했다. 비온도 역시 마찬가지였는데, 특히 그에게는 로마가 인류 역사 최고의 순간으로 이해되었고, 따라서 그것의 모든 것이 부활해야만 한다는 생각이 다른 누구보다 더욱 강렬했다.

인류 최고의 순간 '로마' 부활의 꿈

의미심장하게도 이와 같은 로마의 부활이라는 비온도의 열망은 그저 사라진 옛 문명에 대한 회고적 정서의 발로만은 아니었다. 오히려 그는 로마를 온전하게 기억하기 위해서는 물적·제도적 차원을 포함한 로마의 모든 것이 되살아나야만 하고, 그럴 경우에만 비로소 로마의 문화가 당대의 여러 문제를 성찰하고 치유하는 삶의 모델이 될 수 있다고 생각했다. 자기 시대에 대한 관심이 그만큼 컸다는 이야기다. 비온도가 로마를 향해 품었던 호고주의적인 애정에서 옛 세계에 대한 향수 어린 동경만큼이나 '희망'이라는 르네상스 시대의 정서를 느끼게 되는 것도 바로 그 때문이다.

17세기 독일에서 출판된 저작에
나타난 비온도의 초상화.
트렌토 공립도서관 소장.

비오 2세에게 이야기했듯이, 그는 자신이 발굴하고 재
현한 로마의 모든 것이 로마인들이 구가했던 덕성 있고
선한 삶의 "거울이자 예시, 그리고 이미지이자 원리"로
동시대인들에게 받아들여지기를 바랐다. 이 점에서 역
사를 생의 교사로 생각한 키케로의 후계자라고 그를 평
가해도 무리는 없다. 하지만 비온도에게서 15세기 중엽
의 이탈리아를 휘감고 있던 남다른 위기의식을 감지하
지 못한다면, 아마도 그의 호고주의가 지니는 진면목을
결코 온전히 이해할 수 없을지도 모른다. 다른 무엇보다
1459년 비오 2세가 추진했지만 결국은 실패로 돌아가 버
린 만토바 공의회의 염원을 『승리의 로마』가 그대로 투

사하고 있다는 점이 이에 대한 반증이다.

좀 더 시선을 넓혀 세계사적 관점에서 볼 때, 르네상스기의 지식인들을 한데 묶고 있던 관심사는 그저 고전의 부활만이 아니었다. 튀르크의 위협이 낳은 위기감과 그에 조응하는 십자군 정신 또한 알게 모르게 그들 대부분의 삶과 사고에 무시하기 힘든 영향을 끼치고 있었다. 이를 고려할 때 1453년 콘스탄티노폴리스 함락은 그들의 불안감에 더 한층 기름을 부은 일대 충격이었다. 이내 유럽 세계 곳곳에 세기말적인 암울한 분위기가 드리워졌고, 그 위기감이 가장 강하게 감지된 곳이 바로 교회였다. 이에 교황 비오 2세는 새로운 십자군의 제창을 부르짖게 되었는데, 그것을 위해 소집된 것이 바로 만토바 공의회다. 하지만 세속 군주들의 뜨뜻미지근한 반응은 성전을 전개하려던 교황의 야심 찬 계획을 한낱 공염불로 만들어버렸다.

교황청의 핵심 인사로 공의회에 참석한 비온도 역시 이런 시대적 분위기에 흠뻑 빠져 있었고, 다른 누구보다 교황의 십자군 대의에 공감했다. 두말할 나위 없이 이즈음 그가 신성로마제국의 황제와 나폴리의 왕 그리고 베네치아와 제노바의 도제에게 십자군 원정에 참전할 것을 호소하는 논고 형식의 서간을 연달아 쓰게 된 것도 그런 이유에서였다. 그렇다면『승리의 로마』는 만토바 공의회가 실패한 이후, 그와 같은 실망스러운 상황을 타개하기 위한 로마 연구자의 지적 대응책이었을 수도 있다. 그는 비오 2세에게 "지금 같은 시기", 달리 말해 "성하께서" 콘스탄티노폴리스와 아시아 지역을 "무자비한 폭정으로 지배하고 있는 튀르크에 맞서 준비하고 계시는 원정"이 동료 유럽인들의 미지근한 반응 때문에 성패의 기로에 선 이 중차대한 시기에 자신의 저작이 그들의 저항 의식을 고취시킬 수 있을 것이라고 적었다.

교황이 호소를 했는데도 머뭇거리던 동시대의 많은 이가 자신의 작품에서 "마찬가지의 위험한 상황에 직면했던 앞선 시기 다른 공간의 사람들이 수행한 업적에 대해 배울 수 있게" 될 것이라는 주장이었다. 그의 이야기는 "고대인들의 위업에 대한 모방이 그 자체로 우리의 과업에 착수하도록 모든 고귀한 정신을 자극하는 또 하나의 요인이 될 것"이라는 말로 이어진다.

한마디로『승리의 로마』에서 자신이 추적한 로마인들의 위대함을 깨닫게 된다면, 그것에서 튀르크를 물리치고 "유럽의 자유"를 회복하는 데 유용한 지침을 얻을 수 있을 것이라는 대범하면서도 자신만만한 주장이었다. 이것이 바로 로마에 대한 일종의 백과사전이라는 단순한 외양과 달리 『승리의 로마』가 튀르크에 대한 항전과 기독교 제국의 재건을 호소하는 선전물로 읽혀야 하는 이유다.

비온도는 이 작품을 키케로 전통의 역사 귀감서로 자부했다. 그의 표현을 빌려 그대로 이야기하자면, 자신이 『승리의 로마』를 쓴 목적은 "지적으로 뛰어나고 박식한 우리 시대 모든 이의 눈과 정신" 앞에 "아우구스티누스가 염원한" 모습 그대로의 "가장 번성했고 영광스러웠던 도시 로마"의 제도와 관습, 덕성 등을 보여주기 위한 것이었다. 삶의 본보기를 찾고자 하는 이라면 누구라도 로마에 주목하지 않을 수 없으리라는 것이 비온도의 신념이었고, 만약 그렇다면 이 작품이야말로 그 점을 입증하는 증거가 될 수 있을 것이라는 생각이었다. 자신의 오랜 지적 삶의 결정판으로서 『승리의 로마』가 이제는 그저 이탈리아인들뿐만 아니라 전 유럽인들에게 기여할 수 있으리라는 자부심과 함께였다. 이 저작에 나타난 로마인들의 덕성과 장점을 이해한다면, 동시대인들도 그 책에서 올바른 삶의 지침을 얻을 수 있을 터였다. 그에게는 이것이 인류 역사 최고의 순간을 빛낸 로마가 되살아나야 하는 가장 큰 이유였다.

16세기 초 이탈리아어로 번역되어 베네치아에서 출판된 비온도의 저작 『로마 제국 쇠퇴 이후의 역사』의 표지.

기독교 공화국이라는 이상 혹은 염원

그렇다면 튀르크의 공세에 맞선 유럽인들에게 성전의 영감을 고취하기 위해서라도 로마의 모든 것은 숭배되어야 했다. 그런 까닭에 이 책에서 비온도의 모든 논의는 로마의 모든 것이 최고라는 단순한 사실에서 시작된다. 아울러 그렇기에 비온도에게는 로마의 모든 측면이 복원되어야 하고, 또 그렇게 복원된 로마를 통해 당대인들이 로마의 위대함을 기억할 수 있게 해야 했다. 마지막으로 그렇게 망각의 세계에서 되살아난 로마가 결국 당대를 살아가는 이들에게 그들이 당면한 문제를 해결하는 본보기로 기능할 수 있어야 했다. 두말할 나위 없이 이상화된 로마와 그에 대한 모방이라는 관념은 르네상스인들이 꿈꾼 고대의 부활이라는 일반적인 염원과 그 맥을 같이한다. 하지만 우리는 그렇게 복원된 로마가 과연 어떤 로마냐에 따라 모든 평가 역시 달라질 수밖에 없다는 점도 간과해서는 안 된다.

이를 고려하면 비온도가 다른 무엇도 아닌 '아우구스티누스가 염원한' 기독교 로마에 시선을 고정시켰다는 점은 결코 예사롭지 않다. 기독교 세계의 보존이라는 시대적 사명과 마주하게 되면서, 고대 로마에 대한 휴머니스트 혹은 호고주의자 비온도의 관심이 로마에 대한 비역사적인 이상화로 탈바꿈하는 역설의 장면처럼 보이기 때문이다. 브루니와 라틴어의 변천에 관해 논쟁하던 젊은 시절의 비온도에게서, 그리고 로마 멸망 이후 이민족과 결합되면서 알프스 이남의 이탈리아 반도에 나타난 새로운 언어와 관습에 주목해 이른바 이탈리아의 정체성이 만들어지는 과정을 추적한 그의 다른 저작들에서, 우리는 어렵지 않게 역사가 비온도의 또 다른 면모를 발견할 수 있다. 이런 측면에서 볼 때 분명 그는 시간적 변화에 대한 감수성, 달리 말해 특정한 지리적 공간에서 특정한 문화를 공유하는 새로운 세계가 시간의 흐름 속에서 만들어지는 과정에 주목한 뛰어난 역사적 감각의 소유자였다.

하지만 『승리의 로마』를 쓴 비온도는 어떠한가? 여기에서 그는 고대 로마를 문화와 제도 그리고 탁월한 지성을 대변하는 이상적인 세계로 재현했다. 하지만 로마의 종교와 기독교 사이의 친연성을 애써 강조하려 한 그의 태도에서 잘 드러나듯이, 그 때문에 젊은 시절의 비온도가 자랑한 역사가 본연의 통시적 감각이 이 작품에서는 보편적인 세계관 속으로 무심히 용해된다. 비온도의 관심사는 어떤 특정한 역사 시기의 로마도, 또 부단한 역사의 과정 속에서 인간이 만든 구체적인 세계도 아니었기 때문이다.

『승리의 로마』에서 그려진 로마는 역사를 초월한 정형화된 로마였다. 튀르크에 맞선 유럽인들의 저항의식을 고취하기 위해서라도 그에게 이제 로마는 발명되어야 했던 것이다. 그리고 그 결과 다양한 민족이 '평화롭게' 지내면서 로마의 관습과 생활방식을 공유한 '문명화'된 통합 세계라는 이상화된 로마가 탄생했다. 비온도에게는 분열된 교회를 통합하고 성전에 참여하는 일과 로마의 영광을 되살리는 일이 결코 별개의 일이 아니었기 때문이다.

이 점에서 『승리의 로마』는 진정한 의미의 역사서술도, 또 고대 세계에 대한 정교하고 치밀한 학문적 복원물도 아니다. 오히려 그것은 기독교도인 비온도의 염원이자 바람, 또 다른 차원에서 생각한다면 교황에게 자신의 작품을 홍보하기 위한 특유의 수사적 기예에 불과할지도 모른다. 그 속내가 무엇이었든, 그렇게 로마를 발명하면서 비온도는 로마 제국 멸망 이후의 유럽 세계를 기독교 공화국Respublica Christiana으로 규정하고 그것의 뿌리를 고대 로마 세계에서 찾는 유럽인들의 역사인식을 새롭게 싹틔우기 시작했다. 유물과 유적을 되살리고 이를 문헌기록과 비교하면서 옛 로마 세계를 그대로 복원하려던 비온도의 호고적·고전적 관심이 이슬람의 위협에 직면하자 유럽인들의 배타적인 기독교 세계관으로 선회하는 흥미로운 장면이 아닐 수 없다. 하지만 아쉽게도 그것을 위해 비온도는 한때 자신이 자랑한 특유의 역사적 감각을 희생시켜야만 했다.

로마에 남아 있는
비온도의 묘비.

시대의 비평가이자 유럽 문명의 해설가

오늘날 우리는 비온도에게서 전문 역사가나 고고학자라
기보다 자기 시대에 대한 기민한 해설자이자 문화적 진
단가의 향취를 더 강하게 느끼게 된다. 그가 염원한 고대
의 부활이 그저 그런 지적 유희도, 옛것에 대한 복고적 향
수의 소산만도 아니었기 때문이다. 물론 이 점에서 자신
들의 시대가 문명적 위기에 봉착했다고 진단하고 먼 과

거에서 그에 대한 치유제를 찾으려 한 페트라르카 이래의 르네상스기 다른 휴머니스트들과 비온도가 그리 다를 바 없어 보이기도 한다. 하지만 그들과 달리 비온도는 지엽적인 유럽만의 문제를 넘어서는 더 커다란 세계사적·문명사적 지평 위에서 자신의 시대를 진단했다. 그에게는 상존하던 튀르크의 위협이 바로 자신의 시대가 마주했고 또 극복해야 하는 모든 위기의 근원이었다.

그리고 그 결과 비온도의 펜 끝에서 복원된 로마 세계는 결코 특정한 역사적 실체도, 시간의 변화 속에서 형성된 인간 사회도 아닌 다른 어떤 것이 되어버렸다. 이른바 '십자군 정신'의 고취가 옛 로마 제국의 힘과 영광을 재현하고 재건하려던 비온도의 궁극적인 목적이었기 때문이다. 비온도의 영적 고향 로마는 '단일하고 균질한 세계'가 되어야 했던 것이다. 그럴 경우에만 그것이 자신이 꿈꾼 기독교 공화국의 이상적 원형이 될 수 있기 때문이었다. 고대에 대한 숭모와 기독교에 대한 헌신 사이에 깊이 침윤된 모순이 낳은 결과였다. 르네상스인 비온도의 손끝에서 그렇게 또 다른 버전의 기독교 공화국의 신화가 만들어졌고, 이제 유럽인들에게 로마는 그런 식으로 기독교 문명이라는 자기정체성을 벼리는 준거로 자리 잡기 시작했다.

약관의 천재,
철학에서 '인간다움'의 길을 구하다

1486년 스물세 살의 젊은 학자가 내놓은 저작 하나가 이탈리아 지성계를 일대 혼란에 빠뜨렸다. 역사상 거의 최초로 교황청이 금서로 지정한 피코 델라 미란돌라의 『900 논제』가 그것이다. 전통적인 기독교 관념뿐 아니라 고대 이집트의 비교秘教 전통, 태고의 지혜를 신봉하는 유대 신비주의의 카발라 견해 등을 망라한 고금의 모든 사상을 하나의 지적 체계로 집대성하려던 피코의 야심찬 시도와 그 아래에 흐르던 이단의 그림자가 문제였다. 더욱이 강경한 교황청에 맞서 피코는 이듬해인 1487년 공현축일(예수의 출현을 축하하는 기독교 교회력의 절기로 아기 예수가 동방박사들을 통해 메시아임을 드러낸 사건을 기념하는 날)에 맞추어 그에 관한 공개토론회를 열자고 이야기했다. 원하기만 한다면 누구든 참석할 수 있고, 그와 관련된 경비까지 자신이 모두 부담하겠다는 대담한 제안이었다. 물론 단지 그 때문만은 아니었겠지만, 결국 교황의 반대로 토론회는 열리지 못했고, 『900 논제』는 불온한 서적으로 낙인찍힌 채 세인들의 관심 밖으로 차츰 밀려나게 되었다.

하지만 역설적이게도 오늘날 피코는 바로 그 사건을 통해 르네상스 정신의 화신으로 남게 된다. 그가 그 토론회의 들머리 연설문으로 준비했지만 당시에는 이런저런 이유로 공개될 수 없었고, 그의 사후에야 비로소 빛을 보게 된 논고 『인간 존엄성에 관한 연설』 덕분이다. 이 작품에서 "오, 아스클레피우스여, 인간이란 얼마나 위대한 기적인가"라는 헤르메스의 옛 경구를 화두로 던지면서, 적어도 외견상 피코는 인간의 존엄성과 자유의지를 소리 높여 예찬했다.

특히 인간의 관점에서 변주된 새로운 창조 신화를 내놓으면서 피코는 이른바 '르네상스 인간학'의 정초자라는 명성을 얻게 되었다. 인간은 가변적인 본성과 스스로의 의지에 따라 자신의 운명을 개척하고 영위하는 자기

삶의 '조형자'요 '조각가'라는 주장이 오늘날까지도 여전히 매력적인 공명을 울리고 있기 때문이다.

모데나 근처의 작은 도시 미란돌라의 귀족 가문에서 태어난 피코는 일찍부터 타의 추종을 불허한 신동이었다. 어릴 적부터 고전어의 습득에 뛰어난 재능을 보인 피코는 페라라에서 본격적으로 철학에 입문했고, 이후 파도바에 체류하는 동안 아리스토텔레스와 아베로에스의 사상을 접했다. 이 같은 천재적인 면모 때문이었을 것이다. 피코는 약관에 불과한 1480년대 초반부터 이미 피렌체의 플라톤 아카데미에서 피치노를 비롯한 당대 최고

라파엘로의 〈아테네 학당〉
가운데 피코로 추정되는
인물의 초상.

지성들과 어깨를 나란히 할 정도로 학자의 입지를 단단히 굳혔다. 게다가 1485년 파리에서 신학을 공부하면서 그의 명성과 권위는 한층 탄탄해졌다. 특히 이런 지적 여정을 거치며 전통적인 스콜라철학뿐만 아니라 여러 이교의 사상마저 흡수하면서, 그의 관심사는 고대의 인문학 전통에만 천착하던 당대 휴머니스트들의 제한된 지적 지평 너머의 세계로 확대되었다. 『900 논제』는 그런 피코의 사상이 집대성된 결과물이다. 다른 무엇보다 여기에서 그는 스스로 '새로운 철학nova philosophia'이라고 명명한 것에 기초해 지식과 앎의 문제를 추적했다.

인간 정신의 심장과도 같은 철학

그렇다면 『인간 존엄성에 관한 연설』은 독립된 작품이라기보다 『900 논제』에 대한 세인들의 오해, 더 나아가 자신에 대한 질시나 음해에 맞서 피코가 내놓은 변론에 가깝다고 볼 수 있다. 물론 그가 이 연설문에 명확한 제목을 달지 않았기에 그의 생각을 온전히 가늠하기는 어렵다. 하지만 비슷한 시기에 한 친구에게 『900 논제』 출판 이후의 복잡한 상황과 그에 대한 자신의 불편한 심기를 드러낸 편지에 어렴풋이 나타나듯이, 그가 염두에 둔 것은 '철학 예찬을 위한 연설' 정도였던 것으로 보인다. 새로운 철학의 목적이나 방법론을 호소력 있게 담아내 보이지 않는 적들을 설득시키는 것이 그가 『인간 존엄성에 관한 연설』을 쓰게 된 진정한 목적이었던 셈이다.

널리 알려져 있다시피 르네상스기의 지식인들 사이에서 수사학과 철학의 관계를 어떻게 정립할 것인가의 문제는 끝없는 쟁론의 대상이었고, 대부분의 휴머니스트들은 철학을 무미건조한 사변으로 폄훼하며 키케로의 수사학적 전통에 기초해 웅변력을 갖춘 인간을 최고의 존재로 칭송했다. 이를 고려하면 흥미롭게도 피코는 그와 같은 당대 휴머니스트 지식인들의 조류에 맞서 철학의 가치를 새롭게 정립하려 시도한 이단아였다. 그가 일견 근대적이면서도, 다른 차원에서는 지극히 중세적인 인물로 보이는 것도 그 때문이다.

1485년 그가 베네치아의 휴머니스트 바르바로와 나눈 수사학 논전에 이 점이 잘 드러나 있다. 바르바로가 철학자들을 "저속하고, 조야하며, 교양 없는" 야만인으로 힐난한 것이 논쟁의 화근이었다. 이에 대해 피코는 다음과 같이 단호하게 응수했다. "아마도 불편하기는 하겠지만 우리는 언어 없이 살아갈 수 있습니다. 하지만 우리는 결코 심장 없이 살 수 없답니다. 정제된 학문에 능통하지 못한 사람은 교양 있는humanus 사람이 아닐 것입니다. 하지만 철학에 무지한 사람은 인간homo 자체가 아닙니다."

더욱이 바로 그런 맥락에서 피코는 바르바로에게 비록 매력적이기는 하지만 수사나 웅변은 결코 철학자의 본령이 될 수 없다고 강변했다. "웅변이라는 마술적인 능력"으로 수사가들이 사물의 본성을 왜곡하고 곡해하곤 한다면, 그와 달리 철학자들은 진리를 규명하는 일 외에는 그 어떤 것에도 관심을 기울지 않는다는 이야기였다. 고전 수사학에 능통하지 못하다고 자책하던 한 지인에게 보낸 그의 편지가 우리의 시선을 끄는 것도 같은 맥락에서다. 피코는 "만약 어떤 철학자가 웅변에 능통하지 않다고 해도, 저는 그것에 괘념치 않습니다"라고 운을 떼며 그를 위로했다. 철학자의 목적은 오직 진리의 문을 여는 것이며, "나무 열쇠로 열든 황금 열쇠로 열든 그것은 제[피코] 관심사가 아니"라는 이야기와 함께였다. 그에게 철학의 본령은 "무엇을 쓸 것인가"의 문제이지 "어떻게 쓸 것인가"에 관한 문제가 아니었다. 설령 휴머니스트들이 강조하는 것처럼 학식과 교양을 갖추고 있더라도, 모든 인간을 인간으로 부를 수는 없다는 강력한 표현이었다. 말이 아니라 진리 자체에만 헌신하는 철학을 통해서만 비로소 인간이 인간다울 수 있게 된다는 그의 생각이 여기에 함축되어 있다.

존재의 위계질서 외부에 놓여 있는 인간의 위상

『인간 존엄성에 관한 연설』에도 이런 생각이 고스란히 녹아들어 있다. 피코가 새롭게 재구성한 창조론에 따르면, 신은 인간에게 "오, 아담이여, 나는 네게 어떤 고정된 자리도, 특유의 모습도, 특정한 책무도 부여하지 않았다. 어느 자리를 차지하고, 어떤 모습을 취하고, 또 어떤 책무를 맡게 될지는 네가 원하는 대로 정하라"고 말한다. 신이 만들어놓은 법칙에 따라 살아가야 하는 다른 피조물들과 달리, 인간은 신에게서 '자유의지'를 부여받았고 그 덕분에 인간에게는 어떤 한계도 존재하지 않는다는 이야기였다. 아담을 향한 신의 이야기는 "나는 너를 천상의 존재로도 또 지상의 존재로도 만들지 않았으며, 불멸의 존재 혹은 필멸의 존재로도 만들지 않았다"는 것으

15세기 후반 코시모 로셀리Cosimo Rosselli가 그린 피렌체의 한 벽화에 남아 있는 피코의 초상. 가장 왼쪽이 피치노, 가운데가 피코, 그리고 오른쪽 인물이 폴리치아노로 추정된다.

로 이어진다.

이렇게 창조론을 새롭게 재구성하면서 피코는 인간을 신의 마지막, 그리고 더욱 중요하게는 '미완의' 작품으로 규정했다. 태초부터 온갖 모양의 종자를 잉태하고 있어 인간이야말로 스스로의 의지에 따라 하찮은 지상의 존재로 떨어질 수도 있고, 이성적인 천상의 존재로 상승하거나 천사와 같은 오성적 지위를 얻을 수도 있는 자율적인 존재라는 주장이었다. 분명 여기에서 피코는 '자유의지'와 '가소성'에 근거해 인간의 존엄성을 예찬하고 있다. 그리고 이를 고려하면 피코가 예찬한 인간이 근대적 인간의 표상처럼 보이는 것도 부인하기 어렵다. 인간을 신의 수동적 피조물로 상정하고 통일된 우주의 위계질서 아래 인간의 존재론적 지위를 선험적으로 부여한 중세적 세계관에서 벗어난 새로운 관념이 그의 생각 속에 담겨 있기 때문이다. 달리 말해 피코가 노래한 인간은 존재의 무한한 연쇄라는 중세적 위계질서의 외부에 놓여 있다는 것이다.

하지만 의미심장하게도 피코가 염두에 둔 것은 결코 그와 같은 인간의 존재론적 지위의 문제가 아니었다. 오히려 그는 신에게서 부여받은 자유의지를 가지고 인간이 '어떻게' 천사와 같은 불멸의 지위에 오를 수 있는가 하는 문제를 해명하려 했다. 그가 인간은 결코 식물이나 동물과 같은 하위 존재의 삶을 지향해서는 안 된다고 되풀이해서 역설한 것도 그 때문이다. 오히려 그는 설혹 지상에서 살아가야 할지라도 인간이라면 천사 거룹Cherub의 삶을 모방해야 한다고 강조했다. 두말할 나위 없이 피코가 유명한 '야곱의 사다리'라는 상징을 통해 인간의 상승을 우의적으로 표현한 것도 그런 맥락에서다. 인간으로서 우리는 신이 베푼 "자유의지를 남용하지 않도록" 유의해야 하며, 기왕이면 "최고의 상태"를 동경하고 그것에 도달하기 위해 노력해야 한다. 이것이 바로 피코가 진정으로 전하려 한 속내였다.

그렇다면 어떻게 인간이 천상의 존재로 상승할 수 있을까? 교부들에게 호소하는 형식으로 전개되는 그의 연설은 다음과 같이 이어진다. "교부들이시여, 우리 안에는 다양한 불화가 존재하고 있습니다. 오직 철학만이 우리 안의 그런 불화를 가라앉히고 진정시킬 것입니다." 쟁론과 투쟁은 자연의 본성이며, 오직 철학만이 그 혼란을 잠재울 수 있다는 주지주의 철학자의 항변과 다를 바 없어 보인다. 이에 따라 그는 "도덕철학이 온갖 야수들의 억제되지 않은 공격을 막아낼 것"이고, "변증법이 웅변의 진흙탕 싸움과 삼단논법의 모순 속에서 불안해하는 이성의 혼란을 잠재울 것"이며, 또 "자연철학은 불안정한 영혼을 뒤흔들고 찢어놓기도 하며 난도질하는 견해의 차이와 분쟁을 해소시켜줄 것"이라고 열변을 토했다. 도덕철학을 연마함으로써 스스로의 정신을 정화하고 마음의 평안을 얻을 수 있다면, 변증법과 자연철학의 훈육을 통해 인간이 이성의 오용을 막고 올바른 진리에 도달할 수 있게 될 것이라는 주장이다.

　한마디로 그에게 철학은 인간의 영혼을 정화하고 그를 진리의 세계로 안내하는 지상 유일의 길잡이였다. 오직 철학만이 인간을 불멸의 존재에 이르게 한다는 강력한 주장처럼 들린다. 그렇다면 인간의 존엄성에 대한 피코의 예찬은 중간 존재 혹은 미완의 존재에 불과한 인간이 '천상의 존재'나 '불멸의 존재'로 상승하기 위한 필요조건으로서 '철학'을 옹호하기 위한 일종의 서문이라고 해도 과언이 아니다. 게다가 최상의 삶을 지향할 것을 강권하면서 철학만이 인간을 그 길로 이끌 수 있을 것이라고 주장한다는 점을 고려하면, 설혹 피코가 인간을 예찬했다고 해도 그의 시선이 닿은 것은 보통의 모든 인간이 아니라 철학적 지성의 소유자였다는 점만은 분명해 보인다. 의미심장하게도 『인간 존엄성에 관한 연설』의 기저에는 인간이 아닌 철학에 대한 예찬이 흐르고 있는 셈이다.

1486년에 출판된 피코의
『900 논제』 사본.

진리를 향한 '철학적 인간학'의 뼈대를 세우다

이를 고려하면 오늘날 널리 읽히는 버전과 조금은 다른 『인간 존엄성에 관한 연설』의 초기 판본 하나는 새삼 우리의 주목을 끌기에 충분하다. 여기에서 그는 "진리를 완전무결하게 이해할 수 있는 사람은 과거에 아무도 없었습니다. 그리고 우리 이후에도 아무도 그럴 수 없을 것입니다. 진리의 광대무변함은 너무도 장대합니다. 인간의 능력은 결코 그것에 비견될 수 없습니다"라고 사뭇 염세적으로 적었다.

하지만 역설적이게도 바로 여기에 인간과 인간 지성의 한계를 인정하는 피코의 진정한 속내가 담겨 있다. 아마도 피코가 무모하고 자칫 위험을 초래할 수도 있는 공개토론회를 열려 한 것도 이런 한계를 극복하려는 노력의 소산이었을 것이다. 피코 스스로의 진단에 따르면, 『900 논제』에 쏟아진 주된 비판 가운데 하나는 그가 한 개인의 능력을 넘어서는 무모한 시도, 즉 야심 차지만 피상적인 짓을 하고 있다는 것이었다. 고금의 모든 철학을 아우르려던 그의 시도가 오만함 이상도 이하도 아니라는 세간의 뒤틀린 시선이었다.

이에 대한 피코의 항변도 흥미롭다. 그는 "어떤 한 철학 유파에 전념하는 이들은" 하나의 편향된 관점으로 자신의 생각을 "제한하는 위험에 빠질 것"이라고 응수했다. "단순히 어느 한 학파가 아니라 모든 유형의 학파에서 가르친 학설들"을 이해하고 통합할 때 비로소 인간이 진리의 길에 한걸음 더 가까이 다가설 수 있다는 주장이었다. 피코는 다양한 철학적 견해와 학파를 종합할 때 비로소 그것들을 바탕으로 "자기 고유의 학설"을 수립할 수 있게 된다고 확신했다. 때론 그것이 고대의 이교적 관념이라고 할지라도 말이다.

물론 그로 말미암아 그에게 이단의 혐의가 따라다닌 것도 사실이다. 하지만 앞서 이야기한 초기 판본에서 넌지시 암시되었듯이, 그는 인간 지성의 한계를 인식하면서도 그것을 극복하려고 노력할 때 진정한 인간다움의 길이 열릴 수 있다고 주장했다.

이렇듯 피코는 고금의 모든 철학을 하나로 종합하려고 시도했다. 하지만 그가 볼 때 철학의 궁극적인 종착점인 진리는 매몰차게 인간의 능력 너머의 세계에서 배회할 뿐이었다. 그가 도덕철학과 변증법 그리고 자연철학의 가치를 길게 예찬한 뒤, 설령 그렇다고 해도 철학이 인간에게 "진정하고 흔들림 없는 평화를 확언해줄 수는 없다"고 담담히 적은 것도 그런 이유에서다. 그것은 오직 "학문의 여왕, 즉 가장 성스러운 신학의 특권이요 책무"였기 때문이다. 이에 따라 그는 『인간 존엄성에 관한 연설』에서 모세의 비사에 관해 논의하며, 모세가 우리에게 "인간이 할 수 있는 한 철학을 통해 장차 올 천상의 영광에 이를 길을 준비"하는 모범을 보여주었다고 이야기한다.

그렇다면 어디에선가 피코가 영원한 지복의 세계는 오직 종교를 통해서만 가능하고, "철학이 바로 종교의 시작"이라고 이야기한 것도 이해할 만하다. 오늘날 피코는 주로 인본주의 인간학의 기초를 놓은 인물로 칭송된다. 하지만 역설적이면서도 의미심장하게 그는 인간의 한계를 인정했다. 그리고 그것을 극복하기 위해 철학의 가치를 부르짖었다. 철학적 인간학을 노래한 셈이다. 인간은 그렇게 자신의 한계를 자각하면서 중단 없이 진리를 향해 다가갈 뿐이라는 것이다. 이것이 바로 신화 속에서 건져낸 피코의 진면목이 아닐까?

궁정 휴머니스트,
군주의 '위엄'에 딴죽을 걸다

1463년 나폴리의 왕 페란테는 자신의 궁정이 자랑하던
휴머니스트 문인 폰타노에게 어린 알폰소의 교육을 부
탁했다. 장차 남부 이탈리아에서 자신의 뒤를 이어 아라
곤 가문의 왕위를 잇게 될 아들에게 군주로서 갖추어야
할 교양과 덕성을 가르치기 위해서였다. 이에 부응하듯
폰타노는 이 미래 군주의 개인교사로 활동하면서 그와
관련된 작은 책자를 남겼는데, 그것이 바로 1468년 저술
된 『군주론』이다. 여기서 폰타노는 '관대함'과 '자비'를
군주에게 필요한 최고의 덕목으로 손꼽으며, "정의롭고
경건하다는 평판을 얻기 위해"서라면 "신민들의 마음을

얻는" 일이 다른 무엇보다 군주에게 중요하다고 설파했다. 이 작품이 별 이견 없이 아리스토텔레스에서 키케로에 이르는 고대의 윤리관을 계승한 전통적인 도덕 논고의 하나로 읽히는 것은 바로 그런 맥락에서다.

폰타노는 40년에 가까운 긴 시간을 나폴리의 전제군주를 위해 일한 전형적인 르네상스기 궁정 지식인이었다. 물론 그에 대한 역사가들의 평가가 호의적이지 않은 것도 그와 무관치 않다. 궁정인으로서 폰타노가 권력에 순응할 수밖에 없는 군주국의 지적 장신구에 지나지 않았다는 폄훼나 마찬가지다. 더욱이 1495년 프랑스의 왕 샤를의 침공 이후 폰타노가 자신이 섬기던 군주를 등지고 나폴리의 왕권을 샤를에게 넘기는 일에 나서기도 했다는 점 또한 이런 인색한 평가가 자리 잡는 데 크게 한몫했다. 16세기 초 피렌체의 역사가 귀차르디니의 신랄한 비판처럼 "덕에 관한 많은 저작을 저술했고" 그것들을 "많은 이에게 가르친" 언필칭 덕의 교사에게는 어울리지 않는 부덕한 행동으로 비쳤기 때문이다. 적어도 귀차르디니는 이를 오래도록 아라곤 왕가의 비호를 받아온 핵심 측근한테서 나오리라고 생각조차 할 수 없는 배신 행위로 간주했다. 폰타노가 말과 행동이 다른, 혹은 권력만을 좇는 반도덕의 화신이었다는 비난이다.

덕의 정치를 강조한 '위대한 폰타노'

하지만 폰타노는 살아생전은 물론이고 사후에도 당대
지식인들에게 큰 각광을 받은 최고 인사 가운데 하나였
다. 일찍이 로마의 호고주의자 비온도가 그저 약관에 불
과한 폰타노를 움브리아 지역을 대표하는 천부적인 문
인으로 소개한 것에서 잘 나타나듯이, 그는 르네상스기
남부 이탈리아가 배출한 최고의 문인이자 시인으로 인
정받았다. 1486년 교황에게 고대 로마 전통에 기초한 계
관시인의 영예를 받은 일은 이런 그에게 주어진 또 다
른 명성의 날개였다. 이와 같은 그에 대한 평가는 16세

기 초 베네치아의 인쇄업자 마누초가 폰타노를 "우리 시대의 또 다른 베르길리우스"라고 칭송한 것에서 잘 드러나듯이, 다음 세기까지 별 이견 없이 이어졌다. 당대부터 적어도 16세기에 이르기까지 폰타노는 '위대한 폰타노il gran Pontano'로 불리며 고대 문학에 능통한 지식인이자 그것을 자기 시대에 되살린 휴머니스트 문인으로 칭송받았다.

『군주론』은 이와 같은 휴머니스트 폰타노의 고전적 감수성이 현실정치 경험과 만나면서 탄생한 작품이다. 이 작품이 르네상스기 특유의 교육 논고의 형태를 띠고, 정치 문제를 한층 폭넓은 도덕철학의 한 유형으로 다룬 것도 그런 배경에서다. 달리 말해 폰타노는 어떤 추상적인 정치이론을 제시하기보다 그저 '윤리적'인 맥락에서 군주가 갖추어야 할 덕목에 논의를 집중시켰다. '군주란 누구이며, 군주정이란 무엇인가'라는 이론적인 문제보다 군주의 개인적인 도덕성에 논의를 집중했다는 것이다. 『군주론』이 15세기 후반 이탈리아에서 출현한 다양한 군주주의 관련서와 별반 다르지 않아 보이는 이유는 그 때문이다. 물론 군주에 대해 논의하는 이 논고에서조차 '공화정'기 로마의 영웅 스키피오가 이상적인 선한 군주의 본보기로 제시되는 것이 전혀 모순으로 느껴지지

않는 이유도 바로 그런 배경에서다.

이를 염두에 두면, 『군주론』에서 어떤 체제나 제도의 개선보다 덕의 함양을 최고의 가치로 여긴 르네상스기 교육이론가들이나 도덕주의자들의 생각을 떠올리게 되는 것도 당연하다. 페트라르카 이래 르네상스기 이탈리아의 지식인들은 고전적 이상에 기초해 당대의 여러 문화적 병폐를 진단하고 그것을 통해 개인과 사회를 개선할 수 있으리라 믿었다. 그렇다면 폰타노는 이처럼 개인의 덕과 그에 기초한 '덕의 정치'를 꿈꾸던 휴머니즘 전통의 적자였다. 그런 맥락에서 폰타노는 군주라면 다른 이들과 마찬가지로 자신 또한 "한 명의 인간이라는 점을 기억해야 한다"고 강조한다. 인간은 미완의 존재로 태어나며, 따라서 훈육되어야 할 대상이라는 전형적인 르네상스기 휴머니즘의 인간관과 교육관의 소산이었다.

폰타노가 '정의'와 '경건함' 그리고 '관대함'과 '자비'를 군주의 기본 덕목으로 제시하면서 『군주론』의 모든 논의를 시작하는 것도 그와 무관하지 않다. 더욱이 그에 덧붙여 그는 '용기'와 '절제'를 강조했다. 분노나 증오 혹은 욕망이나 시기에서 벗어난 자유, 달리 말해 정서가 아닌 이성에 따른 행동이 군주의 기본 덕목이 되어야 한다는 이야기였다. 그렇다면 군주의 덕에 관한 폰타노의 논의가 일견 진부하고 보수적인 스토아주의의 전통적인 윤리관에 기초하고 있다고 해도 무리는 아닐 것이다.

하지만 설령 그렇다고 해도 폰타노는 결코 그저 그런 '덕의 예찬론자'가 아니었다. 폰타노에게 군주란 공적 존재였고, 따라서 군주의 덕 또한 한 개인만의 도덕적 차원을 넘어서는 사회적 문제, 즉 공동체의 안위와 직결되는 문제로 인식되었기 때문이다. 그는 "다른 이들을 책임지고 있는 사람"이기에 군주에게는 다른 누구에게 요구되는 것보다 더욱 절실하게 "감정에 휘둘리지 않는 자유"가 필요하다고 강조한다.

군주라면 이성에 기초한 '지혜'와 '올바른 견해'를 습득해야 하는 것이 바로 그 때문이었다. 달리 말해보자.

폰타노는 군주의 덕을 개인의 도덕적 완성이라는 사적 윤리의 차원이 아니라 그것이 내포하는 사회적·정치적 효용이라는 맥락에서 깊이 있게 살폈다. 자칫 고답적으로 보이는 폰타노의 논의에서 범상치 않은 현실주의자의 체취가 강하게 묻어나는 것도 그런 까닭에서다. 그리고 우리는 그가 자신이 강조하는 각각의 덕목이 무엇을 의미하는지 정확히 규명하려 하기보다 다분히 실용적인 차원에서 그것들을 현실 세계에서 인간이 수행해야 하는 일종의 행위규범처럼 다룰 뿐이었다는 점에서 이를 더욱 분명하게 확인할 수 있다. 그가 군주의 덕목 가운데 하나로 중요하게 다루는 '관대함'에 대한 논의는 이 점을 여실히 보여주는 일종의 시금석이다.

그에 따르면 스스로는 물론이고 자신이 통치하는 공동체의 안위를 위해 군주는 모든 이에게 '사랑받는' 존재가 되어야 하며, 그들의 사랑을 얻기 위해서라면 그의 관대함에 "어떠한 한계도 없어야 한다." 그렇다면 관대함이란 무엇인가? 폰타노는 그에 대해 어떠한 논의도, 그리고 그것을 어떻게 실천할 수 있을 것인지에 관한 그 어떤 구체적인 방안도 또렷이 제시하지 않았다.

다만 어떻게 하면 타인의 시선에 그렇게 비칠 것인지, 그리고 그것이 군주에게 어떤 효용을 가져다줄 수 있는

지의 문제에만 집중할 뿐이었다. 폰타노가 알폰소에게 "폐하께서는 그저 관대하고 친절하다고 여겨지기보다 스스로 그와 같은 덕성virtus에 반대된다고 회자되는 악덕vitium을 피하고 있다는 점을 보여주기 위해" 더욱 주의를 기울여야 한다고 강조한 것도 그 때문이다. 그렇다면 그가 강조한 것은 덕 자체가 아니라 '덕의 재현'이었다는 점이 분명해 보인다.

'군주다움'에 대한 현실주의적 성찰

역설적이게도 우리는 바로 여기에서 추구해야 할 덕과 피해야 할 악이라는 전통적인 도덕의 경계가 허물어지는 모습을 발견하게 된다. 폰타노에게는 덕 자체보다 "가장 저명한 이들이 몸에 익어 행하는 그런 유형의 행실"을 군주 역시 갖추고 있다는 점을 다른 이들에게 각인시키는 것이 더 중요했던 탓이다. 이를 감안하면 내적인 자기 규율과 그것이 외부로 드러나는 행위양식이라는 프리즘을 통해 군주에게 필요한 덕목을 강조하면서, 폰타노가 전통적인 도덕론의 경계를 넘어서고 있다고 평가해도 과언이 아니다.

그의 논의가 보편적인 당위론에 머물기보다 냉정한 현실주의자의 처세술과 닮아 보이는 것도 바로 그 때문이다. 다시 말해 거기에는 군주의 도덕성이 곧 공동체의 안위와 직결되고, 군주의 행동거지 하나하나가 대중의 눈에 어떻게 비치는지의 문제에 군주의 평판이 달려 있다는 다분히 현실적인 관념이 똬리를 틀고 있었다.

폰타노가 일반적으로 '위엄'이나 '존엄' 혹은 '왕권' 등으로 옮겨지는 '마이에스타스maiestas'의 의미를 새롭게 규명하면서 군주의 권위에 대해 논의한다는 점이 이를 가장 잘 보여준다. 그에 따르면 마이에스타스란 "군주에게 합당한 특정 자질", 한마디로 군주다움을 의미한다. 그런데 그가 볼 때, 설령 자연에서 기원한다고 해도 어느 누구에게나 마이에스타스가 주어지는 것은 아니었다. 오히려 그는 "기예와 성실함을 통해" 마이에스타스가 연마되어야 한다고 강조했다. 그리고 그에 따라 그는 미래의 왕 알폰소에게 군주라면 가장 먼저 자기가 누구인지 알아야 하고, 그런 자기이해에 기초해 스스로의 지위에 합당하다고 여겨지는 방식에 따라 행동해야 한다고 조언한다.

물론 군주보감서 혹은 교육 논고라는 본연의 성격에서 비롯된 것이겠지만, 그 때문에 폰타노는『군주론』의 상당 부분을 옷 입는 법과 여가를 즐기는 등의 세세한 일상에서부터 사람들을 만나 그들과 이야기를 나누는 등의 공적인 업무에 이르기까지 삶의 모든 영역에서 군주가 갖추어야 할 행위규범에 대한 논의에 할애한다. 폰타노에게는 자신에게 합당한 것이 무엇인지를 알고 이를 실천에 옮기는 군주의 행위에 마이에스타스의 획득 여부가 달려 있었고, 그것들은 오직 부단한 노력으로 연마되어야 할 무엇이었기 때문이다.

이를 고려하면 마이에스타스란 지극히 역설적인 개념처럼 보인다. 분명 그것은 군주가 도달해야 하는 위엄이나 존엄 따위의 이상을 뜻한다. 하지만 다른 차원에서 생각하면, 마이에스타스가 바로 그 이상에 도달하게 하는 구체적이고 실천적인 방법을 의미하기 때문이다.

나아가 폰타노는 '오만'을 피하고 '형평'의 원리를 지키라고 알폰소에게 조언하면서 '분노'야말로 군주가 피해야 할 가장 커다란 악덕이라고 거듭 강조했다. 폰타노에 따르면 군주는 언제나 공적 존재이며, 따라서 그에게는 두려움의 대상이 되는 것보다 신민들의 "사랑을 받는 일"이 더욱 중요했다. 바로 그럴 경우에만 군주에 대한 존경심이 생겨나며, 그것이 없다면 어떤 군주도 마이에스타스를 얻을 수 없을 것이라는 이유에서였다. 분노에 찬 인간이 다른 이들에게 사랑받기 어렵다면, 그것은 분명 '다른 이들을 책임지고 있는 공적 존재'인 군주가 피해야 할 최대의 적이 될 수밖에 없다는 논리였다.

그렇다면 설령 영예롭지 못한 이들이라도 그들을 공개적으로 내치거나 비난하지 말라는 폰타노의 주장도 결코 가볍게 넘길 수만은 없다. 마이에스타스가 본심이 아니라 외양에 따라 결정된다는 점을 염두에 두면, 관대함이라는 추상적이고 이상적인 덕목을 이해시키는 것이 폰타노의 진정한 목적이 아닐 수도 있기 때문이다. 폰타노는 가장 정의로운 것이 현실 세계에서는 때론 가장 정의롭지 못할 수도 있다고 단언했다. 그리고 그렇기에 젊은 미래의 군주에게 군주라면 "목적, 성격, 시간, 그리고 장소에 맞추어" 누군가에게는 엄한 모습으로, 또 다른 어던 이에게는 친절한 모습으로 비칠 줄 알아야 한다고 거듭 강조했다. 상황과 대상 그리고 목적에 따라 서로 다른 모습으로 사람들을 대하고, 또 그들에게 그렇게 보여야 한다는 충고였다. 폰타노의 논의 속에 때론 사자 같고, 또 때론 여우 같은 군주의 역할을 기대한 차디찬 마키아벨리의 모습이 아른거리는 것은 우연이 아니다.

안토니오 베카델리
Antonio Beccadelli가 만들고
폰타노가 발전시킨
나폴리 지식인들의 모임
'아카데미아 폰타니아나'의 로고.
"감히 권력을 바꾸려 한다"는
글귀가 새겨져 있다.

군주를 위한 교훈 혹은 궁정인의 자기 변론

폰타노는 정의와 경건함, 관대함과 자비 등을 군주가 갖추어야 할 덕목으로 제시하면서도 그와 같은 덕목을 추구하려 하기보다 "그러한 덕에 반대된다고 회자되는 악덕을 피하는 일"이 군주에게 더욱 절실히 요구된다고 설파했다. 그리고 그것을 위해 필요한 것이 '자유교양학문 bonarum artium'의 연마였다. 휴머니스트로서 그가 젊은 알폰소에게 고전에 입각한 교양 교육에 힘쓸 것을 당부한 것도 그 때문이다.

더욱이 그런 맥락에서 폰타노는 자신과 같은 '궁정인 aulicus'의 조언에 귀 기울이고 그들을 정당하게 대우하라고 강조했다. 독선과 오만을 버리고 공평무사하게 신민을 대해야 하며 자신과 같은 학식 있는 주변 인사들의 조언에 언제나 눈과 귀를 열어두라는 강한 주장이었다. 그렇다면 『군주론』은 단순히 군주를 위한 교본이라기보다 군주를 교육하는 휴머니스트 지식인의 '자기 변론서'라고 해도 무방할지 모른다. 설령 군주의 권위를 인정한다 해도 폰타노가 군주의 명령을 그대로 이행하는 것을 자신의 책무로 여기지는 않았기 때문이다.

1490년 그가 페란테에게 보낸 편지가 사뭇 인상적으로 다가오는 것은 바로 그 때문이다. 아마도 여러 현안과 관련해 당시 그와 페란테 사이에 적잖은 이견이 있었던 듯하다. 그 때문이었는지는 몰라도 결국 그는 궁정인의 올바른 목소리를 저버린 페란테의 곁을 떠나겠노라 당당히 말했다. "저를 만든 것은 결코 폐하가 아닙니다"라는 강한 자의식의 표출과 함께였다. 그렇다면 폰타노가 꿈꾼 것은 플라톤의 철인군주 이상을 구현하는 휴머니스트 지식인의 능동적인 역할이 아니었을까? 20여 년 전에 저술된 『군주론』이 비로소 출판되어 외부에 공개된 때가 페란테와 갈등이 깊어지던 바로 그 1490년이었다는 사실이 과연 우리에게 무엇을 이야기해줄 수 있을까? 오늘날 우리의 혼탁한 정치 세계와 르네상스인 폰타노가 꿈꾼 덕의 정치를 떠올리면서 불현듯 머릿속을 스쳐간 질문들이다. 하지만 분명한 사실 하나는 선명하게 남는다. 폰타노와 함께 윤리적 정당성에 천착하던 르네상스기의 정치사상, 즉 덕의 정치학 시대가 조금씩 저물어가고 있었다는 점이다.

방랑 지식인,
르네상스 공화국의 진실을 폭로하다

1490년 피렌체의 '대인'(일 마니피코) 로렌초 데 메디치에게 흥미로운 책 한 권이 헌정되었다. 남다른 '권위'와 '풍부한 학식' 그리고 '보편적 덕'의 소유자로서 로렌초야말로 고금을 막론하고 '위대한 왕'으로 불리기에 손색없다는 빤한 찬사와 함께였다. 물론 여기에는 마치 여느 군주국의 통치자와 다를 바 없이 공화국 피렌체를 배후에서 지배하던 로렌초에게 공동체의 안위와 덕성에 관해 다룬 이 책이 받아들여지기를 바라는 저자의 희망이 담겨 있었다. 하지만 이에 대한 직접적인 반응은 고사하고 오랜 기간 이 책과 저자에 대한 관심 자체가 거의 없었다는 점을 고려하면, 아마도 저자의 바람은 한낱 허망한 시도로 돌아간 것이 분명해 보인다. 이 책이 바로 브란돌리니가 1489년경에 집필하기 시작해서 이듬해 마

무리한 『공화국과 군주국의 비교』다.

1454년 피렌체의 중산층 가문에서 태어난 브란돌리니는 남다른 이력을 지닌 흥미로운 인물이다. 10대 초반 경제적인 이유로 고향에서 쫓겨난 가족과 함께 망명길에 올라야 했던 그는 나폴리에서 처음 고전 교육을 접했고, 이후 그 남부 도시는 물론이고 로마 등지에서 뛰어난 시인이자 문학교수라는 명성을 얻으며 휴머니스트 지식인의 입지를 하나하나 다져나갔다. 어릴 적 앓은 선천성 안구질환으로 평생 거의 앞을 볼 수 없는 신체의 결함을 이겨내고 성취한 놀라운 결실이었다. 이런 그에게 서른 중반 무렵 또 다른 기회가 찾아왔다. 고전 학문에 심취해 헝가리를 새로운 르네상스 문화의 중심지로 일구겠다는 야심 찬 꿈을 품은 그곳의 왕 마티아스 코르비누스Matthias Corvinus가 그를 수사학 교수로 초빙했던 것이다.

아이러니일 수도 있지만 마티아스의 때 아닌 죽음으로 브란돌리니가 헝가리 부다(오늘날의 부다페스트)의 궁정에서 머문 기간은 채 1년도 되지 않았다. 하지만 이 짧은 기간 그는 르네상스 정치사상의 역사에서 결코 간과할 수 없는 의미 있는 저작 『공화국과 군주국의 비교』를 구상하고 집필하기 시작했다. 일종의 교육 논고 색채를 띠고 상반된 견해를 지닌 대화자들을 등장시킨다는 점에서 외견상 이 작품은 르네상스기 휴머니스트들의 전통적인 대화체 도덕 논고와 별반 다를 바 없어 보인다.

하지만 질문과 응답을 통해 하나의 진리를 추구하는 소크라테스의 대화법을 의도적으로 차용해 군주국이 공화국보다 우수하다는 점을 밝히려 한다는 점에서 이 책은 당대의 다른 작품들과 뚜렷이 구별된다. 달리 말해 고전 수사학 전통에 기초해 저자의 진정한 속내를 의도적으로 감추거나 모호하게 만들곤 했던 당대의 다른 이들과 달리, 브란돌리니는 자신이 군주정의 예찬론자라는 사실을 결코 숨기지 않았다.

비판의 도마 위에 오른 피렌체 공화국

15세기 후반 이탈리아에서는 크고 작은 도시국가들이 제각기 안정적으로 제자리를 잡아가고 있었다. 또한 그에 발맞추듯 각각의 도시들에서는 군주정과 공화정의 상대적인 우수성을 주장하는 정치 논고들이 마치 유행처럼 쏟아져 나오기 시작했다. 자신들의 도시가 채택한 정치체제를 한층 고차원적인 지적 논의를 통해 옹호하려는 정치적인 목적 때문이었다. 그런데 다음 세기 초에 나온 마키아벨리의 두 저작 『군주론』과 『리비우스 논고』가 예증하듯이, 그들 대부분은 한 작품에서 하나의 정체를 다루는 것이 일반적이었다.

『뉘른베르크 연대기』에 수록된 15세기 말 부다의 모습.

이를 고려하면 브란돌리니의 이 저작은 더욱 남달라 보인다. 상반된 두 정체를 하나의 저작에서 함께 논의하면서, 이른바 비교의 관점으로 정치체제의 문제에 접근한 거의 유일한 르네상스기의 정치 논고이기 때문이다. 더욱이 군주국의 우월성을 논증하기 위해 주로 로마 전통에 기대 자신들의 정치적 입장을 표명하던 당대의 다른 이들과 달리, 브란돌리니가 고대 그리스의 정치 관행과 사상에 더욱 주목했다는 점도 예사롭지 않다.

브란돌리니의 목표는 분명했다. 그것은 바로 군주가 통치하는 왕국이 다수가 지배하는 정치체제, 특히 피렌체와 같은 공화주의 국가보다 우수하다는 점을 해명하는 것이었다. 그의 모든 논의는 하나의 국가가 존속하고 발전하기 위해서는 대외적으로 강력한 '군사적 능력'과 '명예'를 추구해야 하며, 대내적으로는 '정의와 절제'의 원리에 기초한 삶이 구현될 수 있어야 한다는 고답적인 이야기에서 시작한다.

그런데 이 책에서 우리의 시선을 더욱 사로잡는 것은 브란돌리니가 공화정의 한계를 보여주는 실례로 당대 피렌체를 논쟁의 도마 위에 올렸다는 점이다. 그에 따르면 그 꽃의 도시는 물적 탐욕으로 가득 찬 상인들의 국가이며, 따라서 그곳에서는 권력을 장악한 소수의 부유층을 제외하면 어느 누구도 자유로울 수 없고, 그 결과 누구도 평등할 수 없었다. 통제되지 못한 사적 소유가 정의와 절제라는 공동체의 근본 원리를 훼손한다는 통렬한 비판이었다.

그리스의 정치가 솔론을 인용해 법은 한낱 '거미줄'과 같다고 조소하는 브란돌리니의 모습을 진부한 수사가로만 치부할 수 없는 것도 그 때문이다. 물론 플루타르코스가 전한 솔론의 이야기에 근거한 이 비유는 베르제리오부터 스칼라에 이르기까지 정치공동체의 유지와 보존을 위해 법과 정의의 문제에 천착한 르네상스기의 지식인들에게 계속된 영감으로 작용했다. 자신보다 약한 존재만을 가두어둘 수 있을 뿐 강자라면 언제고 쉽게 끊어내는 거미줄처럼 "부유한 이들은 법의 구속에서 벗어나는" 반면 "가난한 이들은 법의 그물 속에 갇혀버린다"는 생생한 묘사의 호소력 때문이다.

하지만 이 옛 고사를 추상적인 도덕 담론의 차원에서 논의한 다른 이들과 달리, 브란돌리니는 그것을 공화국 피렌체의 허울 좋은 실상을 고발하는 일종의 리트머스 용지로 삼았다. 명예가 아니라 부가 삶의 기준이 되는 피렌체에서는 법적 정의의 실현이 이루어질 수 없다는 날선 일갈이었다.

시민들의 자유와 평등을 보장하는 제도라고 피렌체인들이 자랑해마지 않던 추첨식 공직자 선출제도 역시 마찬가지다. 르네상스기의 피렌체에서는 공직을 맡기에 합당한 자질과 능력을 갖추고 있다고 신망을 얻어오던 이들로 피선거권자를 제한하고, 추첨을 통해 그들 가운데에서 공직자를 선출하고 있었다. 15세기 초 브루니의 기록에 잘 나타나듯이, 피렌체인들은 이를 시민들의 자유를 보호하고 공동체의 정의를 구현하는 효율적인 제도라고 자부했다. 그것을 통해 한 사람에게 권력이 집중되는 것을 막을 수 있다는 논리에서였다.

하지만 브란돌리니는 그런 피렌체식 선출제의 맹점을 적나라하게 폭로했다. 피렌체의 공직자 선출방식이 "부분적으로는 운에 따라, 그리고 일정 정도는 누군가의 힘에 따라" 좌우될 수밖에 없는 잘못된 제도라는 주장이었다. 달리 말해 피렌체의 공화체제는 권력을 독점한 소수의 상인들로만 피선거권자를 제한함으로써 정치 세계를 '그들만의 리그'로 전락시켰다는 것이다.

물론 그뿐만이 아니었다. 다른 한편에서는 그럼으로써 피렌체인들은 국가의 운영을 능력이나 덕성이 아니라 운에 맡기는 어리석음을 범하고 있었다. 이를 고려하면 브란돌리니가 공화국의 시민들은 때때로 "자신들이

15세기 후반 안드레아 만테냐
Andrea Mantegna가 그린
헝가리의 왕 마티아스의 초상화.

말하고 싶어 하지 않는 것을 말해야만 하고, 또 간혹은 이
야기하고자 하는 것에 대해 침묵하도록 강요받는다"고
비아냥대는 것도 충분히 이해할 수 있다. 제한된 비밀선
거 탓에 피렌체 같은 공화정부 아래에서는 "선한 이들은
정당한 보상을 받지 못하게" 되고, 그와 반대로 "악한 이
들은 합당한 처벌을 피하게" 되는 모순이 만연하게 된다
는 논리였다. 오늘날에도 여전히 공감하게 되는 선거제
도의 맹점을 간파한 예리한 선견이 아닐까? 피렌체인들
이 온갖 수사로 감추려 해도 그 꽃의 도시는 결코 자유롭
지도 또 정의롭지도 못하다는 군주주의자의 냉소였다.

공화국과 군주국, 어느 쪽이 우월할까

결국 그에게 좋은 정부는 부가 곧 권력이 되는 공화주의 헌정체제에서 구현될 수 있는 것이 아니었다. 오히려 그는 최고의 덕을 갖춘 군주가 존재하기만 한다면 군주국이 진정한 의미에서 좋은 정부가 될 수 있다고 생각했다. 그에게서 훗날 프랑스 혁명의 이념적 주춧돌을 놓은 계몽주의 사상가 루소의 설익은 향취가 느껴지는 것도 그 때문일지 모른다. 이 점은 브란돌리니가 공동체의 정의를 구현하는 원리의 하나로 '평등'의 중요성을 강조하는 데서 가장 잘 드러난다. 이와 관련해 특히 그는 마치 루소를 예기하듯이 인간들 사이의 불평등이 사적 소유에 기초한 경제적 불평등에서 기원한다고 주장했다. 이 경제적 불평등이 결국 사회적·정치적 불평등으로 이어진다는 것이었다. 피렌체의 사례가 보여주듯이 부유한 이들은 "부와 그것이 가져오는 영향력 덕분"에 어떠한 죄든 면제받는다는 이야기였다. 그렇다면 누군가는 그가 비판한 피렌체에서 마치 오늘날 우리 사회의 일면을 보는 듯한 느낌을 받을 수도 있지 않을까.

브란돌리니에게는 이것이 바로 피렌체 공화국의 실상이었다. 물론 이에 대한 반론도 만만치 않았다. 다수의 견해가 한 사람의 견해보다 더 나은 결정을 내릴 수 있게 해주는 일종의 집단지성을 발휘할 수도 있고, 그 때문에 소수나 한 사람보다 다수가 부패와 오염에 물들기도 더욱 어렵고, 그에 따라 결국은 공공선에 더 잘 기여할 수 있다는 주장이 대표적이었다. 이에 대한 브란돌리니의 답변은 도덕적이면서도 실용적이다. 그는 "만약 한 사람의 통치자가 그 스스로 모든 것을 이해할 수 있고, 또 실천에 옮길 수 있다면 과연 어떻게 되겠는가"라고 되묻는다. 자신이 눈여겨보는 통치자가 보통 사람이라기보다 덕성 있는 군주를 의미한다는 것이었다. 물론 그와 같은 통치자가 존재한다면 다수의 지배보다 더욱 안정되게 공동체를 이끌어갈 수 있을 것이라는 신념이 깊이 자리 잡고 있었다. 덕이 있는 군주라면 분열보다는 조화를, 사적 이해보다는 공공선을 지향할 것이기 때문이라는 논리였다. 한마디로 공동체를 위해서는 군주의 덕이 다른 무엇보다 중요하다는 생각이었다.

그렇다면 군주정을 옹호하는 브란돌리니의 논의에서 휴머니스트 특유의 엘리트주의가 풍기는 것도 당연하다. 그는 "만약 한 명의 훌륭한 사람이 존재하기만 한다면, 다수에 따른 통치체제는 필요 없을 것"이라고 강조했다. "정치공동체에는 한 번에 여러 명의 통치자가 존재할 수 없다"는 신념의 표현이다. 이는 마치 하나의 신체에 여러 개의 머리가 달린 흉측한 모양과 다름없기 때문이다. 따라서 그는 많은 사람이 정치적 지배력을 행사하려고 하면 할수록, 그 공동체가 분열과 혼란 그리고 궁극적으로는 파멸을 피할 수 없게 된다고 믿었다. 공화정기의 로마가 바로 이 점을 보여준 생생한 역사의 실례였다. 또한 공화정을 지향하던 동시대의 시에나 역시 그와 같은 경험을 피할 수 없었다. 물론 다수가 한 사람이나 소수보다 부패하기 어려울 수도 있지만, 부패한 다수를 올바르게 교정하기란 그만큼 더 어렵다. 다수의 통치가 폭정으로 변하면 공동체는 걷잡을 수 없는 소용돌이에 휘말리게 된다. 이것이 브란돌리니의 생각이었다.

공화정 넘는 이상적 군주 기대했지만……

물론 군주정을 옹호하는 그의 논리는 다분히 편파적이다. 메디치 집권 이후 시민정신과 공민윤리가 퇴색해가던 피렌체의 '현실'이 공화정을 비판하는 주된 논거가 되는 반면, 군주정의 우수성을 입증하기 위해 덕과 용기를 갖춘 '이상적'인 군주의 모습이 강조되기 때문이다. 달리 말해 한편으로는 지극히 현실적인 감각이, 다른 한편으로는 당위적인 이상이 동일한 지평 위에서 두 정체를 비교하는 저울로 작용했다. 그 속내는 제쳐두더라도 분명 그는 휴머니스트 군주임을 자임하던 마티아스에게서 이런 이상적인 군주의 모습을 찾으려 했다.

『공화국과 군주국의 비교』에서 그가 마티아스에게 군주정을 옹호하는 주 대화자의 역할을 맡긴 것도 그 때문이었을 것이다. 하지만 이런 그의 기대는 곧 허물어지고 말았다. 마티아스의 때 이른 죽음 때문이었다. 그는 결국 부다의 궁정을 떠나야 했고, 어린 시절 추방된 고향 피렌체로 돌아올 수밖에 없었다. 그리고 아이러니하게도 그토록 자신이 비판하던 그곳에서 『공화국과 군주국의 비교』 집필을 마무리했다.

실상과 무관하게 자신의 도시가 공화국임을 자랑하던 피렌체의 지배자 로렌초에게 브란돌리니가 피렌체 공화국에 대해 서슬 퍼런 비판을 가한 자신의 저작을 헌정한 이유는 무엇이었을까? 더는 몸 둘 곳을 찾기 어려워진 좌절한 지식인의 변절이었을까? 오늘날 우리에게는 이에 대해 알려줄 수 있는 아무런 자료도 남아 있지 않다. 다만 『공화국과 군주국의 비교』의 한 대목에서 그에 대한 약간의 실마리를 찾을 수 있을 뿐이다. 그는 피렌체인들이라면 자신들의 공화국이 많은 정치적 격동과 그에 따른 혼란을 겪었다는 점을 잘 알고 있을 것이라고 말하면서 다음과 같이 덧붙였다. "스스로의 덕과 권위"로 시민들의 정신을 통제하고 이끈 훌륭한 인물 로렌초가 없었다면, 피렌체인들 역시 "가장 크고 파괴적인 폭동을 경험하고 있을 것"이라고. 그에게는 로렌초야말로 피렌체인들이 자신들의 조화와 행복을 빚지고 있는 말 그대로의 '왕'과 다름없었던 셈이다.

그렇다면 그가 로렌초에게 또 다른 마티아스를 기대했던 것은 아닐까? 아쉽지만 이번에도 우리에게는 이에 대해 확인할 방도가 전혀 없다. 그저 우리에게는 브란돌리니가 로렌초에게 아무런 답도 듣지 못했다는 쓸쓸한 사실만이 전해올 뿐이다. 이후 그의 삶은 더욱 처연했다. 그가 아우구스티누스 수도회에 입회해 더는 아무 흔적도 남기지 않은 채 길지 않은 여생을 수도사로 살아가며 쓸쓸히 역사의 뒤켠으로 멀어졌기 때문이다. 하지만 그가 남긴 그림자는 긴 여운을 남긴다. 설혹 전통적이고 도덕적인 고담준론에 기초하고 있더라도 브란돌리니가 공화정과 군주정이 무엇이냐는 이념적 논쟁이 막 벌어지던 근대 초의 유럽 세계에서 바로 그 상반된 틀을 통해 현실정치 세계를 조망하는 흔치 않은 선례를 남겼기 때문이다.

현실주의 정치인,
법과 법률가의 위선을 벗겨내다

늦겨울 추위가 맹위를 떨치던 1483년 2월 초, 통풍으로 고생하던 스칼라에게 반가운 친구가 찾아왔다. 이후 자기 자신보다 『군주론』의 저자 마키아벨리의 아버지로 더 널리 알려지게 되는 피렌체의 법조인 베르나르도 마키아벨리였다. 때마침 외교적 이유로 실질적인 피렌체의 지배자 로렌초 데 메디치가 도시를 떠나 있었고, 그에 따라 스칼라도 모처럼 정무에서 벗어난 여유로운 시간을 보내고 있었다. 바로 이때 베르나르도가 그를 병문안 겸 찾아왔고, 이를 기회 삼아 그들은 일상의 신변잡기나 당대의 세태에 관한 가벼운 이야기에서부터 한층 무거

운 도덕철학적 논의에 이르기까지 이런저런 담소를 나
누었다. 그리고 이후 스칼라는 자신들이 나눈 이야기를
휴머니스트 특유의 대화록 형식을 빌려 기록한 후 로렌
초에게 헌정했는데, 그것이 바로 『법과 법적 판단에 관
하여』라는 논고다.

스칼라는 르네상스기의 역동적인 사회상을 가장 잘
보여주는 상징적인 인물이다. 르네상스기를 통틀어도
그만큼 극적인 신분상승을 경험한 이를 찾아보기 힘들
기 때문이다. 1430년 토스카나의 작은 시골 마을에서 보
잘것없는 방앗간 임차인의 아들로 태어난 스칼라는 서
른다섯 즈음 피렌체의 제1서기장이 되었고, 이후 도시의

최고 정무관에까지 오른 입지전적 인물이다. 그와 걸핏하면 다툰 당대의 시인 폴리치아노나 16세기 피렌체의 역사가 귀차르디니 등이 스칼라에게 퍼부은 냉소마저 당연해 보일 정도로 그의 성공은 남달랐다.

물론 그들의 비난은 스칼라의 성공이 비천한 인사의 벼락출세와 다를 바 없다는 도시민의 시기 어린 푸념에 지나지 않았지만, 이 같은 비아냥거림은 살아생전은 물론이고 사망한 후에도 줄곧 스칼라의 주위를 맴돌았다. 스스로의 변호에 잘 나타나듯이, 스칼라의 삶은 "변변치 못한 가문"에서 태어나 "명성이나 후원자"는 고사하고 "땡전 한 푼 없이" 르네상스의 메트로폴리탄에 발을 들여놓은 한 시골뜨기의 놀라운 출세담처럼 보인다.

그런데 의미심장하게도 이런 스칼라의 성공에는 그가 20대 중반부터 메디치 가문과 다져온 돈독한 관계가 크게 작용했다. 널리 알려져 있듯이 메디치가는 마치 20세기 초의 마피아처럼 은막의 뒤편에 몸을 숨긴 채 15세기 피렌체 정치극장의 모든 것을 기획한 막후의 연출자였고, 이런 그들에게 스칼라는 도시민, 더 나아가 정·재계의 유력 인사들과 자신들을 이어주는 중요한 연결고리였다.

특히 피렌체의 국부로 칭송되던 코시모에 이어 피렌체 정치계의 주역으로 성장한 '대인' 로렌초에게 스칼라는 최고의 조력자였다. 그가 권력을 장악하고 안정시키는 데 스칼라가 기여한 바가 결코 적지 않았기 때문이다. 한마디로 스칼라는 메디치 정권을 지탱해준 중요한 지식인 관료이자 메디치 가문의 이해를 현실정치 세계에서 대변한 '얼굴 마담' 같은 인물이었다. 암묵적이든 명시적이든 스칼라가 남긴 여러 저작에 남다른 현실감각과 그만큼이나 기민한 정치적 감수성이 한껏 도드라지는 것도 그 때문이다.

"법률가들은 이윤을 탐하는 위선자"

『법과 법적 판단에 관하여』도 예외일 수 없다. 이 논고에서 그는 법이 이성과 정의의 구현물이라는 베르나르도의 이상론에 맞서, 현실 세계에서 법적 판단이 이루어지는 실제 현상을 거리낌 없이 꼬집는다. 물론 이런 둘 사이의 차이에는 전문 법률가로 생계를 유지하던 베르나르도의 입장과 현실정치계에 깊이 몸담고 있던 스칼라의 실용적 관점이 자리 잡고 있다. 만약 사회의 안전을 도모하고 정의를 구현하는 것이 법의 존재이유라면, 그 어떤 법률적 판단도 무수히 많은 법전의 자구나 그것을 다루는 전문 법률가의 손에 맡겨놓아서는 안 된다고 스칼라가 강조한 이유 역시 그 때문이다. 스칼라는 설령 실정법이 없더라도 자연의 명령에 따라, 달리 말해 자연법에 근거해 법적 문제를 훌륭하게 판단해오던 고금의 역사적 사례가 이를 증명한다고 이야기한다.

그에게는 성문화된 법 대신 시민들이 합의하고 승인한 관습에 맞춰 살아가면서 건강한 공동체를 건설했을 뿐 아니라 그럴 수 있으리라고 믿었던 옛 스파르타인의 사례가 대표적이었다. 나아가 그는 고대 로마에서도 비슷한 경험을 찾을 수 있다고 강조한다. 설령 법이 존재하지 않는다 해도 올바른 관행이나 관습을 통해 사회 정의와 공동체의 안녕이 구현될 수 있다는 믿음에서다.

그런 맥락에서 스칼라는 하루하루 다양한 일이 벌어질 뿐만 아니라 예측할 수 없는 우연이 가공할 만한 영향력을 행사하곤 하는 가변적인 인간사에서, 인간이 만든 법이 아니라 오직 자연의 법칙에 따라 살아가는 것만이 인간을 올바른 삶으로 이끌 수 있다고 주장했다. 자연만이 인간을 "올바른 길로 인도하고" 모든 문제를 "모순 없이 올바르게 판단"하게 해주는 영원불변의 원리라는 이야기였다. 그러므로 그에게는 인간이 만든 어떤 법도 신성불가침하다거나 변화할 수 없는 것이 아니었다.

현실 세계의 어떤 실정법도 그리고 그것을 다루는 전문 법률가도 그가 휘두르는 날카로운 비판의 필봉을 비켜갈 수 없는 것은 그 때문이다. 스칼라는 사안이 동일한데도 개개인의 이해에 따라 다양하게 해석될 수 있는 실정법과 그것을 지탱하는 법률 지식이 공동체를 조화롭게 만들기는커녕 가진 자의 이해만을 대변하는 것이 일상의 현실이라고 비꼰다. 마치 이솝 우화를 떠올리게 만드는 이야기 모음집의 한 편에서, 그가 "모든 원리의 어머니인 자연"의 가르침을 저버리고 스스로 '폭군'이 되어버린 법을 의인화하며 냉소를 보낸 이유도 바로 그런 맥락에서다.

1677년 로마에서 출판된
스칼라의 『피렌체사』 표지.

그는 만약 법이 하나의 문제에 대해 상반된 판단을 내리는 것을 가능하게 한다면, 그것은 '선한 삶'을 위한 보편적 원리라기보다 그저 누군가의 '도덕적 타락'을 위장하는 수단에 불과할 뿐이라고 일갈한다. 그는 이 우화에서 법을 자신보다 작은 곤충들만을 먹잇감으로 노리는 한낱 '거미줄'과 다를 바 없다고 조롱한다. 약자에게는 가혹하면서도 강자에게는 한없이 약하기만 한 법의 실상에 대한 현실주의자의 날선 폭로처럼 들린다.

소위 능력 있다고 간주되는 법률가의 서재로 시선을 옮기며 그를 희화하는 스칼라의 논의는 더 한층 신랄하다. 그에 따르면 법학자의 서재에는 세 부류의 책들이 각기 나름대로의 자리를 차지하고 있다. 소송에서 이길 수 있는 논거를 담고 있는 책들, 그에 반하는 논리를 보여주는 책들, 마지막으로는 상황에 따라 특정 사안에 대한 판단을 유보하고 단지 시간을 끄는 데만 도움이 될 수 있는 책들이 필요에 따라 언제든 무기로 나설 태세를 갖추고 있다는 생생한 묘사다.

이는 분명 고매한 법률 지식과 산더미 같은 법률 서적이 그저 특정 사건을 자신의 이해에 맞추어 조작하기 위한 법률가들의 도구에 지나지 않는다는 조롱과 다를 바 없다. 이에 따라 그는 법률가들이란 "진실을 찾으려고 노력하기보다" 그저 이윤만을 탐하며 "소송에서 이기려고" 애쓰는 기술자에 지나지 않는다고 비난한다. 현학적일 뿐 무지하고, 위선적일 뿐 결코 선하지 못하다는 일갈인 셈이다. 전문 지식이나 기술을 익히기보다 덕의 함양을 통해 인간과 사회를 개선하고자 한 르네상스기 휴머니스트 특유의 도덕관이 스칼라의 비판 속에 알게 모르게 스며들어 있는 듯하다.

법보다 중요한 선한 인간의 선한 판단

한마디로 그에게는 인간 세계의 그 어떤 법도 도덕적 선의 정수가 될 수 없었다. 하지만 이에 대해 베르나르도는 법은 명예와 보상을 통해 인간에게 '어떻게 살아야 하는가'를 가르치는 고귀한 기예라고 항변한다. 이에 따라 그는, 적어도 어원적인 차원에서 볼 때, 나약한 본성 탓에 타락할 수밖에 없는 인간을 '도와iuvare' 그를 올바른 삶으로 이끌고 공동체의 '정의iustitia'를 구현하는 것이 바로 '법ius'이라고 주장한다. 더욱이 그는 바로 그렇기에 고금의 모든 법은 어떤 '신성한 것'에서 기원하며, 만약 그렇다면 그것은 스칼라가 이야기하는 '자연'과 별반 다를 바 없다고 힘주어 말한다.

이처럼 설령 현실 세계의 법이 오용되었다 해도, 그것은 법 자체의 문제가 아니라 그것을 운용하는 사람의 문제라는 베르나르도의 주장을 고려하면 의미심장하게도 그와 스칼라 사이에는 그리 커다란 차이가 없는 듯하다. 어떤 제도 혹은 특정한 기예보다 그것을 다루는 인간 자체가 더 중요하다고 생각했다는 점에서는 둘 사이에 큰 이견이 없어 보이기 때문이다.

이런 맥락에서 스칼라는 법이나 법률가의 판단보다 '선한 사람'의 '선한 판단'이 더욱 중요하다고 강조한다. 물론 이런 그의 주장에는 지근거리에서 코시모와 로렌초 등 메디치 가문의 수장들을 옹호하고 그들을 위한 통치체제에 참여한 친메디치 지식인의 정치적 의도가 숨어 있다. 스칼라는 『법과 법적 판단에 관하여』에서 조타수를 잃고 풍랑에 휩싸인 선원, 지휘관을 잃고 하릴없이 죽음에 직면한 병사들, 목자를 잃고 방황하는 양떼의 비유를 들며, 공동체의 안위와 보존을 위해서는 다른 무엇보다 덕을 소유한 정치적 지도자가 필요하다고 거듭 강조한다. 이런 그에게는 1478년 소위 '파치 음모'로 알려진 메디치가의 암살사건을 수습하고 피렌체를 안정시킨 로렌초야말로 선한 조타수, 능력 있는 지휘관, 뛰어난 목자의 표본이었다. 선한 의지를 지닌 그의 탁월한 능력 덕분에 피렌체가 위기를 극복하고 외세의 위협에서 자유를 지켜낼 수 있었기 때문이다.

흔히 스칼라를 피렌체의 공화주의 전통에서 비켜난 군주주의자, 더 나아가 정치적 기회주의자로 해석하는 것도 그와 무관하지 않다. 게다가 1494년 사보나롤라의 신정주의 정부가 들어서면서 스칼라가 이전의 친메디치 군주주의자의 옷을 벗어 던지고 강한 공화주의자의 면모를 보이면서 이와 같은 평가에 무게가 더해졌다. 하지만 그에 대한 이런 평가는 모두 군주정과 공화정을 완전히 다른 정치체제로 받아들이는 오늘날의 시각을 스칼라에게 그대로 투사한 시대착오적 오해의 소산일 가능성이 높다.

앞서 살루타티에 관한 논의에서 살펴보았듯이, 로마 시대 그리고 좀 더 시간을 거슬러 올라가 플라톤의 시대부터 르네상스기에 이르기까지 '리퍼블릭republic'은 오늘날 우리가 1인 통치와 대립하는 것으로 흔히 머리에 떠올리는 공화국이라는 정치체제와 달랐다. 대개의 경우 그저 '국가'나 '공동체'라는 의미로 받아들여졌기 때문이다. 분명 스칼라 역시 이런 전통 속에서 살았고, 다른 무엇보다 공동체의 안위와 보전을 정치의 핵심 문제로 생각했다. 그리고 그것을 위해서라면 때론 '선한 사람'의 '선한 판단'이 더 나을 수도 있고, 또 다른 경우에는 소수의 능력 있는 이들이 정치적 결정권을 행사하는 것ー이것이 바로 1490년대 그가 생각한 피렌체 정체政體의 모습이었다ー이 나을 수도 있다고 믿었다.

자연에 충실한 현실주의자

다시 말해 상황과 필요의 논리가 가장 적절한 것을 선택할 뿐이라는 이야기다. 이를 고려하면 그가 「레스 푸블리카Res Pubulica」라는 제목으로 쓴 짧은 우화 한 편은 더욱 인상적이다. 그는 여기에서 하늘을 나는 한 무리의 새들에게서 조화로운 공동체의 모습을 발견한다. 능력 있고 힘 있는 우두머리의 지휘 아래 새들은 무리 지어 비행한다. 하지만 그 우두머리가 힘들고 지치면 그는 대열의 마지막으로 돌아가고 다음 차례가 그 자리를 대신해 무리를 이끈다. 마치 그것이 자연의 이치라도 되듯이 말이다. 그리고 그렇게 새들은 조화롭고 안정되게 공동체를 유지한다. 그 새들의 무리에서 그가 발견한 것이 바로 공동체의 안위와 조화다.

이런 맥락에서 보면 그가 초기의 한 도덕 논고에서 코시모의 입을 빌려 이야기하는 한 대목은 더욱 흥미롭다. 르네상스기의 다른 도덕주의자들과 달리 코시모는 거기에서 '자연' 자체를 고려하지 않고 추상적인 덕과 선만을 강조하는 스토아주의 철학자들을 맹렬하게 비난한다. 고통마저도 감수하라는 그들의 주장이 '물질 자체'를 잊고 자연의 원리를 망각한 비현실적인 가르침이라는 주장이다. 이는 분명 에피쿠로스의 물질주의적·세속

스칼라가 15세기 후반 피렌체의 보르고 핀티 지역에 구입해 머물던 팔라초 델라 게라르데스카.

적 세계관의 흔적이다. 한마디로 스칼라는 인간과 사회의 행복을 중요하게 생각했고, 그것을 위해서라면 모든 것이 자연의 질서에 부합해야 한다고 믿었다.

정치 역시 마찬가지였다. 그에게는 특정한 정치체제가 중요한 것이 아니었다. 공동체의 행복과 안위가 무엇보다 중요하고 그것을 위해서라면 무엇이든 가능했다. 요컨대 핵심은 어떻게 그것에 도달하느냐의 문제였던 셈이다. 달리 생각하면, 바로 그런 이유 때문에 법이 신성한 자연의 원리에 근거해야 하고, 그 자연법에 기초해 사회와 개인의 개선이 이루어져야 한다는 특유의 도덕관이 스칼라의 모든 사유의 기저를 이루고 있었다고 해도 무리는 아니다.

그렇다면 이야말로 실정법과 도덕 사이의 균열이 현실주의 정치인의 비판의식 속에서 스스로의 허위를 드러내는 의미 있는 순간이 아닐까? 또한 우리는 자연과 신성을 동일시하는 스칼라의 논의에서 흐릿하게나마 15세기 후반 피렌체의 지식인 세계에 침투한 에피쿠로스의 물질주의 세계관의 흔적 또한 감지할 수 있다. 이제 다음 세기 마키아벨리의 현실주의 세계관과 17세기 유럽인들의 이신론적 자연관이 그리 멀게만 느껴지지는 않는다.

좌절한 정치사상가,
시대의 철창을 열다

"'어떻게 사는가'는 '어떻게 살아야 하는가'와
아주 다른 문제다. 그렇기에 '행해져야 하는 것'을 위해
'행해지는 것'을 포기하는 사람은 스스로의
보존은커녕 오직 파멸만을 배우게 될 것이다."

마키아벨리는 이렇듯 적나라하게 권력과 정치의 실상을
폭로했다. 어쩌면 그를 가장 유명하게 만들었다고 해도
과언이 아닌 『군주론』의 이 구절보다 그의 현실주의가
더 극명하게 표현된 곳은 찾기 힘들지 모른다. 당위와 현
실을 구분하면서 마키아벨리가 추상적인 관념의 세계가

15세기 후반 산티 디 티토Santi di Tito가 그린 마키아벨리의 초상.

아니라 권력이 무자비하게 작동하는 현실정치 세계의 실체를 있는 그대로의 모습으로 바라보려 했다는 점이 널리 회자되는 이 구절에 명확히 드러나 있기 때문이다. 아마도 그를 르네상스가 낳은 '가장 휴머니스트답지 못한 휴머니스트'로 간주할 수 있는 것도 그런 맥락에서다. 마키아벨리가 당대의 휴머니스트들이 자신들의 도덕 논고를 화려하게 수놓은 고전적 덕성의 개념을 하나하나 무너뜨렸기 때문이다. 마키아벨리야말로 냉혹한 힘의 정치를 현란한 언어로 대변한 새로운 정치사상가라고 평해도 전혀 무리가 아니다.

마키아벨리는 1469년 비교적 유서 깊은 피렌체의 중산층 가문에서 태어났다. 그리 부유하지는 않았지만 명망 있는 법률가로서 당대의 유력 인사들과 적지 않은 교분을 쌓은 아버지 베르나르도의 영향 아래 일찍부터 휴머니즘 교육을 접한 그는, 그것을 발판 삼아 서른 즈음부터 피렌체의 공직자로 일하기 시작했다. 하지만 숨 가쁘게 피렌체에 밀려온 정치적 격랑은 그의 삶을 요동치게 만들기에 충분했다.

로렌초의 사망 이후 수립된 사보나롤라의 신정주의 정권, 얼마 지나지 않아 그것을 대체하고 새로이 복원된 공화정부, 마치 도미노처럼 그 모든 것을 무너뜨리고 피렌체의 권력을 또다시 움켜쥔 메디치 정권의 재등장 등 한 치 앞을 내다보기 힘들 정도로 정세가 급변하는 시절이었다. 더욱이 이런 혼란의 와중에 프랑스와 신성로마 제국이 이탈리아를 넘보기 시작하면서 피렌체를 비롯한 이탈리아 반도의 정치적 상황은 더욱 첨예해졌다. 마키아벨리는 이 절망적인 상황에서 상상할 수 있는 거의 모든 정치형태의 변화를 가까이에서 목격하고, 결국 그 소용돌이에 휘말려 뼛속 깊이 좌절을 맛본 흔치 않은 인물이었다.

좋은 군주와 나쁜 군주란 무엇인가

마키아벨리의 정치사상을 관통하는 주제는 '정치권력' 그 자체였고, 그는 그것의 실상을 대담하면서도 위험한, 심지어는 불경스러워 보이는 언어로 적나라하게 폭로했다. 무엇보다 그는 정치권력을 획득하고 유지하는 문제에만 천착할 뿐, 그것을 어떻게 정당화할 것인가라는 전통적인 정치사상의 주제와는 의도적으로 거리를 두었다. 당대부터 오늘날까지 몇몇 사람이 마키아벨리를 목적을 위해서라면 수단을 가리지 않은 반도덕주의자, 더 나아가 현실적인 이해에 따라 정치적 신념을 이리저리

서재에서 무언가를 골똘히 생각하고 있는 마키아벨리. 19세기 후반 스테파노 우시 Stefano Ussi가 그렸다.

뒤바꾼 기회주의자로 폄훼하는 것도 그 때문이다. 그의 이름(니콜로)을 빗댄 '올드 닉Old Nick'이라는 표현이 오늘날까지도 악마라는 뜻으로 누군가를 지칭하기 위해 쓰일 만큼 여전히 마키아벨리는 우리에게 반도덕의 교사이자 대명사로 각인되어 있다.

하지만 『군주론』에서 종종 발견되는 과장이나 비약, 여러 모순적인 주장, 날카로운 분석 뒤에 은밀히 몸을 감춘 아이러니 등을 고려하면, 그를 한마디로 단정 짓는 것은 마키아벨리라는 거대한 빙산을 마주하고 그저 그 일각만 바라보는 일과 다르지 않다. 이 논쟁적인 저작이 한편으로는 군주나 정치체제에 대해 다룬 여러 고전적 저작과 그것에 기초해 르네상스 휴머니스트들 사이에서 유행하던 '군주를 위한 귀감서'의 전통 속에서 집필되었으면서도, 다른 한편으로는 그것들이 담고 있는 도덕적 함의에 대한 일종의 도전이었기 때문이다. 특유의 삐딱하고 반항적인 성정에서 비롯된 것인지, 아니면 좌절한 정치인의 냉철한 현실 분석에서 기인한 것인지, 또는 권력에서 밀려났지만 다시 그 세계에 발을 들여놓고 싶어한 속물적인 바람 때문이었는지 단언하기는 쉽지 않다. 여하튼 마키아벨리는 『군주론』 이후 서양 세계에서 정치에 대한 논의가 새로운 방향으로 전환되는 의미 있는 물꼬를 텄다. 도덕 자체가 정치나 군주를 평가하는 시금석의 자리에서 밀려나게 된 것이다.

역설적으로 들릴 수도 있지만, 우리는 『군주론』에 빠져 있는 무언가를 되살리면서 그 물꼬의 시작점에 한걸음 더 다가설 수 있을지 모른다. 다른 무엇보다 『군주론』에는 고전고대부터 그의 시대에 이르기까지 수없이 쏟아져 나온 정치 논고에 이른바 '선한 군주'에 대비되는 개념으로 등장하는 '전제군주tyrant' 혹은 '폭군'이라는 용어가 단 한 차례도 언급되지 않는다. 물론 이 점에서 『군주론』은 비슷한 시기에 그가 리비우스의 『로마사』 첫 열 권에 대한 주해의 형식으로 쓴 또 다른 정치 저작 『리비우스 논고』를 떠올리게 만들기에 충분하다.

이것은 비단 『군주론』이 간교한 군주 혹은 그의 탈도덕적 지배체제에 대해 논의하는 반면, 『리비우스 논고』가 공화제적 가치와 질서를 옹호한다는 표면적인 차이 때문만은 아니다. 오히려 우리는 마키아벨리가 좋은 군주와 나쁜 군주의 경계를 허물면서 정치와 권력의 문제를 선과 악이 아니라 성공과 실패라는 현실적 잣대로 평가하려 했다는 점에 주목해야 한다.

두말할 나위 없이 이는 현실정치 세계, 특히 다양한 인물이 경쟁하며 권력을 쟁취하고 잃기를 거듭하던 르네

상스기의 가변적인 정치극장에서 선군과 폭군을 엄밀히
구분하기 어렵다는 경험의 산물일 것이다. 전통적인 의
미의 폭군 역시 상황이 요구하는 한 정당한 군주가 될 수
있다는 다분히 현실주의적인 마키아벨리의 생각이 바로
거기에서 벼려졌다. 당대의 정치가들이 어쩌면 가혹하
다고 생각될 수도 있는 그의 평가에 직면하는 것도 마찬
가지 맥락에서다. 마키아벨리가 새로운 이탈리아의 지
도자가 될 수 있었을지도 모른다고 기대한 체사레 보르
자Cesare Borgia 같은 이들조차 시대가 요구하는 상황에
스스로를 맞추지 못해 역사의 무대에서 씁쓸하게 퇴장
했다는 이야기다.

허물어지는 악덕과 미덕의 경계

"군주가 스스로를 지키고자 한다면, 선하지 않을 수 있는 것, 필요에 따라 이를 이용하고 이용하지 않는 것을 배워야 한다"는 마키아벨리의 차가운 언명은 이처럼 자신이 실제로 보고 들었던 이들과의 경험에서 나온 산물이었다. 마키아벨리가 아리스토텔레스 이래 서양의 정치사상을 지배해온 전통적인 도덕 담론에서 얼마나 멀리 떨어져 있는지를 보여주는 의미 있는 구절이 아닐 수 없다. '피해야 할 악덕vice'과 '쌓아야 할 미덕virtue'의 대립이라는 이분법적 구도가 더는 현실정치에 통용될 수 없다는 대담하면서도 도발적인 주장이었다. 이를 고려하면 겉으로는 분명 차이가 있지만 하나의 문제의식이 『군주론』과 『리비우스 논고』를 관통하고 있다고 해도 무방할 것이다.

마키아벨리가 스스로 『리비우스 논고』의 앞부분에서 밝혔듯이, 세간의 오해와 달리 그가 관심을 둔 것은 단지 공화정이 아니었다. 오히려 "공화정이든 군주정이든" 그는 자신의 시선을 도시의 통치체제 자체에 고정시켰다. 달리 말해 마키아벨리는 주어진 환경에서 어떻게 정치권력을 유지하고 확대할 것인지의 문제에만 집중할 뿐이었다. 따라서 그에게는 관념적인 선악의 구분이 아니라 '어떻게 행동해야 할 것인가'라는 현실적인 문제가 모든 논의의 쟁점이 될 수밖에 없었다. 그 결과 그의 논의에서 선군과 폭군을 가르는 전통적인 도덕적 경계선이 존재할 여지는 전혀 없게 되었다.

그런데 의미심장하게도 여기에는 인간은 "배은망덕하며 변덕스럽고, 정직하지 못하며 위선적"이라는 마키아벨리 본연의 비관적인 인간관이 은밀히 작동하고 있다. 만약 인간이 그처럼 이기적인 존재라면, 그런 인간들이 모여 경쟁하는 정치공동체에서 도덕만을 행동의 기준으로 삼는 것은 적어도 군주의 입장에서 볼 때 자신은 물론이고 공동체 자체를 파멸에 이르게 만드는 어리석은 행위나 다를 바 없다. 그렇다면 마키아벨리가 군주들에게 때론 사자의 용맹함과 포악함을, 또 때론 여우의 간교함을 배우라고 권한 것도 그저 그런 임기응변의 처세술로 치부할 수만은 없어 보인다. 공동체를 통치하는 지배자라면, 검증할 수 없는 도덕의 허상에 기대기보다 인간의 이기적인 본성을 받아들이고 그에 대비해야 한다는 것이 그가 전하려는 핵심 논점이기 때문이다.

그러므로 마키아벨리에게는 도덕적 규범보다 도덕적 유연성이 더욱 중요했다. 설령 일관되지 못해 보이더라

우피치 회랑에 있는
마키아벨리의 동상.

도 상황에 맞추어 적절하게 스스로를 변화시킬 수 있는
가변적이고 유연한 정치적 전략, 그리고 그에 기초한 선
택적인 자비나 잔인함이 현실 군주에게는 추상적인 선

함보다 더욱 요구된다는 이야기였다. 권력은 인간의 나약한 본성과 현실정치가 강제하는 '필요성necessità'의 논리에 따라 움직이기 때문이다. 따라서 그는 지배자라면 자신의 권력과 공공의 이익 모두를 위해 개인적 덕성에 어떤 우선권도 부여해서는 안 된다고 주장했다.

이를 고려하면 마키아벨리가 한 친구에게 보낸 편지에서 "나는 내 영혼보다 내 조국을 더욱 사랑한다"고 전한 이야기를 그저 흘려들을 수만은 없다. 할 수만 있다면, 또 그렇게 해야만 한다면, 영혼의 구원을 빌미 삼아도덕을 내세우기보다 설령 그 도덕에 반하더라도 공공선이 요구하는 일을 하겠다는 신념의 표현으로 들리기때문이다. 분명 마키아벨리가 군주들에게 요구한 반도덕적 관념들도 바로 그런 생각과 맞닿아 있었다.

정치에 관한 마키아벨리의 통찰

그렇다면 누군가가 마키아벨리에게서 시대의 철창에 갇혀 있으면서도 그 철창을 깨고 나오려 투쟁한, 마치 모세와도 같은 이미지를 발견하게 되는 것도 무리는 아닐 테다. 분명 고대의 저작들을 탐닉하고 그것에 기초해 자기 시대의 병폐를 진단하려 했다는 점에서 마키아벨리는 르네상스인이었다. 그런 맥락에서 그는 『군주론』의 한 장을 할애해 "포르투나Fortuna가 인간사에서 얼마나 많은 것을 할 수 있고, 인간은 그녀에게 어떻게 저항할 수 있는가"라고 되묻기도 했다. 그리고 그 질문에 답하면서 마키아벨리는 알베르티를 위시한 15세기의 휴머니스트들이 그 운명의 여신에 대해 그려왔던 고전적인 이미지, 달리 말해 불가항력적인 제멋대로의 이미지를 반복한다. 세상사는 포르투나와 신이 지배하기에 어떤 인간도 포르투나가 휘두르는 "세상사의 커다란 가변성"에 맞선 "어떤 처방도 갖고 있지 않다"고 자못 담담한 어조로 이야기했기 때문이다.

게다가 마키아벨리는 자신 역시 한때 그런 생각에 기울어진 적이 있다고 고백한다. 하지만 이내 그는 설령 포르투나가 인간 행동의 절반을 결정짓는 존재라고 해도 "나머지 절반 혹은 그에 가까운 부분"은 인간에게 맡겨두었다고 덧붙인다. 인간사의 모든 것을 포르투나의 손아귀에 놓아둘 수는 없다는 것이었다. 그것은 곧 인간의 '자유의지' 자체를 부정하는 것과 다를 바 없기 때문이다. 포르투나를 거센 격랑에 비유하는 마키아벨리의 논의는 더더욱 인상적이다. 마키아벨리에 따르면, 포르투나의 힘은 "제방과 수로가 만들어져 있지 않은" 곳으로 향한다. 그렇다면 제방과 수로를 쌓는 일, 바로 그것이 포르투나에 맞서 인간이 해야 할 몫이라는 뜻이다. 이에 따라 그는 "전적으로 운에 기대는 군주는 그것이 변할 때 파멸"에 이른다고 단언한다.

어디로 흐를지 모를 격랑에 맞서 '제방과 수로를 쌓는 일'을 하라. 그것이 혼탁한 당시의 상황에서 마키아벨리가 정치권력을 향해 던진 조언이었다. 달리 말해 그는 시대의 병폐에 대한 치유책으로서 '비르투virtù'를 갖추라고 강조했다. 포르투나의 분노나 장난은 비르투를 갖지 못한 사람들에게 더 쉽게 향하곤 하기 때문이라는 것이다. 게다가 더욱 흥미롭게도 선정적으로 들릴 수도 있는 비유를 들며 마키아벨리는 포르투나를 "제압하고 싶다면 그녀를 두들기고 그녀에게 부딪히라"고 말한다. 포르투나는 여인이며, 따라서 그녀는 여느 여인들처럼 "덜 신중하고 거칠며 더 대담하게 그녀를 장악"할 수 있는 "젊은 남성"의 편에 선다는 이유에서였다.

포르투나는 비르vir, 즉 남성에게 반응한다. 그러므로 포르투나에게 맞서기 위해서는 신중하기보다 격정적으로, 또 어떤 도덕적 거리낌도 없이 주어진 기회를 포착하라, 이것이 마키아벨리의 주장이었다. 이를 고려하면 분

산타크로체 교회에
안치되어 있는
마키아벨리의 석관.

TANTO. NOMINI. NVLLVM. PAR. ELOGIVM
NICOLAVS. MACHIAVELLI
OBIT. AN. A.P.V. CDDXXVII.

별력이나 지혜, 조화나 관대함, 그것들이 내포한 도덕적 완전함을 가리키는 고전적 의미의 덕virtus과 달리, 마키아벨리의 비르투는 효율적으로 상황에 대처하고 필요에 따라 기민하게 기회를 낚아채는 남성적 능력을 뜻한다. 그렇다면 그가 『군주론』에서 논한 핵심 주제는 인간 삶의 반을 지배하는 포르투나의 호의를 얻어 공동체를 어떻게 유지하느냐의 문제였을지도 모른다.

더욱이 이를 염두에 두면, 우리에게 마키아벨리가 문제적 인물로 다가오는 것은 혹자들이 이야기하듯 그가 반도덕의 예찬자로 보이기 때문만은 아니다. 오히려 우리에게는 정치와 권력의 문제를 고찰하는 데 있어 그가 가치관의 전도를 가져왔다는 점이 더욱 의미심장하게 다가온다. 마키아벨리가 현실정치의 작동원리는 덕virtus이 아닌 힘vis이며, 또 그래야 한다고 주장했기 때문이다. 역설적인 물음으로 들릴 수도 있겠지만, 이는 고전을 통해 인간을 교화하려던 휴머니즘의 도덕적 이상에 들려온 낯선 파열음이 아니었을까? 마키아벨리는 그렇게 도덕과 정치를 분리하기 시작했고, 또 그러면서 의도했든 아니든 시대의 철창 밖으로 나오고 있었다.

최고의 궁정인,
'문명화 과정'의 길을 열다

"그림 속 이 남자는 조용하고 영적인 눈길로 바라본다.
라파엘로가 그린 이 사람은 고귀하게 태어난 궁정인이다.
카스틸리오네 자신이 작은 책자『궁정인』에서 요구한
그대로의 완벽한 기사의 모습을 갖추고 있다."

루브르 미술관에 소장되어 있는 라파엘로의 한 초상화
에 대한 미술사가 뵐플린Heinrich Wölfflin의 인상적인
비평이다. 친구 카스틸리오네를 위해 그린 이 유명한 초
상화는 분명 카스틸리오네의 실제 삶에도 적지 않은 의
미를 지닌 작품이다. 아내 이폴리타의 목소리로 표현되

었지만 그가 쓴 것이 분명한 자작시에 이 그림이 언급되어 있기 때문이다. 여기에서 이폴리타는 "저는 그것을 어루만지고, 그것과 웃고 농담을 나누며, 마치 그것이 말이라도 할 수 있는 것처럼 그것과 이야기를 나눕니다"라고 노래하며, 멀리 떠나 있는 남편에 대한 그리움을 이 초상화를 보며 달랜다. 뵐플린의 언급처럼 "어떤 특별한 포즈를 취하지 않고서도" 고결한 인간의 기품과 절제된 본질을 보여주는 그림 속 주인공이야말로 카스틸리오네가 이상화한 인간의 모습과 다를 바 없다는 반증이다.

카스틸리오네는 1478년 만토바 근교의 작은 마을 카사티코의 귀족 가문에서 태어났다. 일찍부터 만토바와 밀라노 등지에서 휴머니즘 교육을 받고 그곳의 궁정 문화를 몸소 체험한 그는 이후 이탈리아는 물론이고 유럽 곳곳의 여러 궁정에서 거의 전 생애를 보낸 르네상스기의 대표적인 궁정인이었다. 검증된 군사적 자질을 보유한 뛰어난 용병, 수완과 술수에 능통한 일급 외교관, 휴머니즘의 이상을 간직하고 구현한 뛰어난 문인 등 카스틸리오네에 대한 평가는 그가 『궁정인』에서 묘사한 궁정인의 다양한 덕목만큼이나 다채롭기 그지없다.

물론 그가 살아생전 여러 궁정에서 환영받은 것도 그 때문이었을 것이다. 『궁정인』은 이런 그가 한때 머물렀

1515년경에 라파엘로가 그린
카스틸리오네의 초상화.

던 우르비노 궁정에서의 "행복한 기억"을 보존하고 그
것을 "후대의 마음속에 살아 숨 쉬게" 하기 위해 1528년
처음 세상에 선보인 그의 대표작이다. 고전 수사학 전
통에 뿌리박은 휴머니스트 특유의 문학적 기예 아래 살
포시 흐르는 정치인의 냉철한 현실감각이 주목을 끈다.

행동의 우아함이 강조된 궁정인

외형적 차원에서만 보자면 『궁정인』은 '데코룸'이라는
휴머니즘의 문학적 규범을 토대로 이상적인 궁정인의

덕성과 자질에 관해 논한 교양 지침서, 혹은 개인의 행위규범을 가르치기 위한 도덕 논고에 지나지 않는다. 카스틸리오네가 초시간적 모순어법을 통해서만 규정될 수 있는 가상의 현실을 창조하고, 그 속에서 살아가는 궁정인의 덕목과 소양을 제시했기 때문이다. 하지만 시대가 요구하는 특정 이데올로기와 문화적 관행, 그 사회의

1559년 베네치아에서
출판된 카스틸리오네의
『궁정인』 표지.

일반적인 태도나 가정 등을 재생산한다는 점에서 『궁정인』은 다분히 정치적인 책이다.

그렇다면 궁정의 위계질서에 기초한 행위양식을 일종의 문화적 규범으로 이상화하면서 카스틸리오네가 자신이 직접 보고 경험한 권력의 힘, 그리고 권력과 개인 간의 불균형한 관계를 고상한 언어를 통해 은밀히 담아낸 것도 어쩌면 당연할지 모른다.

다시 말해 『궁정인』을 감싸고 있는 이상주의의 외피 아래에는 정치 문제와 관련된 뚜렷한 현실감각이 흐르고 있다. 우리는 이와 관련해 16세기 초 유럽 세계를 호령한 신성로마제국 황제 카를 5세가 『성경』 그리고 마키아벨리의 『군주론』과 함께 이 책을 언제나 머리맡에 두고 즐겨 읽었다는 사실을 가벼이 넘길 수 없다. 카스틸리오네가 궁정을 중심으로 권력이 점차 집중되어가던 정치적 상황 속에서 권력의 입맛에 맞게 재단된 인간 행위의 기예를 제시했고, 이런 그의 생각이 당대 유럽 궁정사회에 호소력 있게 가 닿았던 탓일 테다. 이 작품에 나타난 이상적인 궁정인의 이미지에 권력관계 속에서 끝없이 재구성될 수밖에 없는 인간 존재의 실존적 모습이 투영되어 있는 것도 같은 맥락에서다.

이를 고려하면 그가 강조한 궁정인의 기예가 단순히

추상적인 차원의 이상적인 덕목을 뜻하기보다 뚜렷한 목적 아래 수행되어야 하는 의도적인 자기연출 행위였다는 점은 분명하다. 『궁정인』의 첫 부분에서 카스틸리오네는 과연 "궁정인의 어떤 모습"이 "군주의 궁정에 살고 있는 신사들에게 적합한지"에 관한 의견을 제시하는 것이 자신의 목적이라고 해명한다. 바로 그 모습을 통해 군주들에게서 '그라치아grazia'를 얻을 수 있다는 것이었다. 흔히 우아함으로 번역되는 그라치아는 15세기의 알베르티부터 16세기의 바사리에 이르는 르네상스기의 미술가나 미술이론가들에게 조화가 깃든 우아함이나 세련미의 완성과 같은 예술적 성취를 뜻하는 개념으로 쓰였다. 그런데 카스틸리오네에게 그라치아는 이 같은 전통적인 미학적 규범이나 양식을 넘어서는 또 다른 중요한 함의를 담고 있었다. 궁정인이 군주에게 얻게 되는 일종의 칭송이나 평판을 뜻했기 때문이다.

물론 카스틸리오네에게도 그라치아는 예술적 개념과 유사한 인간 행동의 우아함을 의미하기도 한다. 그리고 이 점은 그가 훌륭한 궁정인이라면 "어떤 그라치아를 통해" 모든 이에게 좋은 첫인상을 심어주어야 한다고 강조한다는 점에서 잘 나타난다. 그라치아가 궁정인의 덕성을 외부에 드러내고 그것에 외적인 가치를 부여하는 중요한 장식이라는 뜻이다.

그런데 의미심장하게도 여기에 그는 이런 그라치아를 통해 궁정인들이 군주들의 "신뢰와 그라치아"를 얻을 수 있다고 덧붙인다. 두말할 나위 없이 뒤에 나온 그라치아가 궁정인의 행위미학의 목적을 의미한다면, 앞에 나온 그라치아는 그것을 가능하게 하는 궁정인의 행위양식이나 행위규범을 뜻한다. 결국 카스틸리오네는 그라치아를 통한 그라치아의 획득이라는 동어반복을 통해 궁정인의 덕목과 목적을 동시에 표현한 셈이다.

이 점에서 그라치아는 한편으로는 군주의 호의라는 궁정인의 궁극적인 존재의 목적을, 다른 한편으로는 그것을 얻게 해주는 궁정인 스스로의 행위규범을 뜻하는 이중적이면서도 역설적인 개념이다. 그렇기에 마치 우리의 호기심을 더욱 자극하듯이, 카스틸리오네는 "오직 그라치아를 소유한 사람만이 그라치아를 얻는다"는 모순어법을 구사하며 우아함은 궁정인 스스로의 노력만으로는 결코 얻어질 수 없다고 단언한다. 실제 그것은 군주가 내리는 시혜나 보상이기 때문이다.

따라서 그 속에는 그라치아를 베푸는 사람과 그것을 받는 사람 사이의 불평등한 사회적 관계가 엄연히 자리를 잡고 있다. 카스틸리오네가 『궁정인』 곳곳에서 군주의 칭송, 좋은 평판, 신뢰, 무엇보다 그라치아를 얻기 위해 궁정인이 어떻게 자신의 삶을 조율해야 하는지를 깨달아야 한다고 강조한 것도 그 때문이다. 한마디로 그라치아는 위계화된 권력의 질서를 구축하고 지탱하는 인간 행위의 '최고 보편법칙'이다.

르네상스기 궁정문화 최고의 발명품, 스프레차투라

그렇다면 어떻게 그라치아를 얻을 수 있을까. 달리 말해 궁정인이 갖추어야 할 덕목은 무엇이고, 또 궁정인은 무엇을 피해야 하는가? 이에 대해 그는 매우 힘들고 위험천만하지만 "그것은 '아페타치오네affettazione'를 피하고, 새로운 말로 표현하자면 모든 문제에서 '스프레차투라sprezzatura'를 행하는 것"이라는 수수께끼 같은 말로 답한다. 아페타치오네는 자신의 능력과 자질을 외부에 드러내려는 지나친 바람에서 비롯된 인간 행위의 그릇된 양태를 뜻한다. 카스틸리오네는 일부 궁정인이 군주의 그라치아를 획득하기 위해 무분별하게 행동하면서 이러한 오류에 빠져들곤 한다고 지적한다.

티치아노 베첼리오
Tiziano Vecellio가
1529년경에 그린
카스틸리오네의 초상화.

스프레차투라는 바로 그런 아페타치오네를 염두에 두고 카스틸리오네가 만들어낸 신조어다. 즉 그것은 과도한 보여주기에서 비롯된 과장이나 허세의 오류를 가리키는 아페타치오네의 반대 개념이다. 카스틸리오네는 스프레차투라를 행함으로써 궁정인은 모든 기예의 인위성을 감추게 되고, 그럼으로써 자신이 행하고 말한 바가 특별한 노력 없이, 그리고 그것에 관해 깊이 생각하지 않고 자연스럽게 이루어진 것처럼 보이게 할 수 있다고 말한다. 군주의 호의를 얻기 위한 무기교의 기교, 그의 표현을 직접 빌리자면 "기교를 기교로 보이지 않게 만드는 진정한 기교"가 바로 스프레차투라라는 것이었다.

이를 고려하면 스프레차투라는 권력의 위계질서 속에

서 스스로를 낮추는 행동윤리 이상도 이하도 아니다. 스프레차투라가 궁정인의 처세술, 달리 말해 군주 앞에 스스로를 낮추는 위선적인 행동처럼 보이기 때문이다. 이점에서 분명 그것은 고전적 의미의 인간의 덕성이나 이상적인 행위규범과는 거리가 먼 새로운 관념이다.

하지만 달리 생각하면, 스프레차투라는 단순히 무언가를 숨기기 위한 위장의 기술을 넘어 그것을 통해 스스로를 이상적인 존재로 재현하는 궁정인의 의도적인 자기과시 행위일 수도 있다. 카스틸리오네는 "아무리 보잘 것없어 보여도 인간의 행동과 함께 나타날 경우", 스프레차투라는 "무언가를 행하는 사람이 자신의 행동에 대해 얼마나 잘 알고 있는지를 드러내준다"고 말한다. 무엇인가를 능숙하게 행하는 사람이 실제로는 겉으로 보이는 그 이상의 능력을 갖추고 있다는 점이 스프레차투라를 통해 보는 이의 마음속에 자연스레 전달될 수 있다는 주장이다.

그러므로 카스틸리오네에게는 스프레차투라를 실천한다는 것이 궁정인이 자신에게 부여된 모든 역할을 완벽하게 알고 그에 맞추어 수행하고 있다는 점을 외부에 연기하는 것과 다를 바 없었다. 궁정 사회가 요구하는 역설적인 의사소통 기술이었던 셈이다.

『궁정인』의 배경이 된 우르비노의 팔라초 두칼레.

한마디로 스프레차투라는 인간 행위의 본질과 외양 사이의 차이를 도외시하고, 후자를 행위의 규범으로 내세운다. 또한 그렇기에 거기에는 개인의 삶에 영향을 미치는 외부의 시선과 비판에 대한 공적 존재인 인간이 맞닥뜨릴 수밖에 없는 현실적 고뇌가 잠재해 있다. 물론 카스틸리오네 같은 궁정인들의 삶의 무대인 궁정 사회에서 그들에게 고뇌를 불러온 주인공은 군주였고, 권력의 작동원리를 통해 그와 그들 사이의 관계가 형성되었다.

『궁정인』의 한 대목이 특히 의미심장하게 다가오는 것도 그 때문이다. "알려진 몇몇 군주의 그라치아를 얻고 있다"고 생각되는 궁정인들조차 자신들이 "생각한 바를 자유롭게 말한다면", 이내 "그들의 그라치아를 잃게 되지 않을까 두려워할" 수밖에 없게 된다는 것이다. 궁정인들은 언제나 권력과 맺는 관계 속에서 스스로를 조율하고 또 권력의 통제 속에서 자신의 자리를 찾을 수밖에 없는 불안한 존재라는 성찰로 들린다. 스프레차투라는 바로 그것을 개념화한 르네상스기 최고의 발명품이다.

'연기자 인간'으로 산다는 것

몇몇 르네상스사가가 15세기 후반부터 궁정이 이탈리아인들의 정치사회적 삶을 지배하면서 르네상스 문화가 더는 완전히 자유로운 인간의 개성을 형성하지 못하게 되었고 오직 형식적인 것, 다시 말해 특별한 관계를 명확히 규정하기 위한 그저 그런 외적 형식으로 전락하게 되었다고 비판한 것도 그와 무관하지 않다. 궁정 사회로 이행하면서 자연스럽게 성장한 궁정 문화야말로 이전 세대가 자부하던 정치적 자유와 인간 존엄의 이상을 퇴색시킨 문화적 역행과 다를 바 없다는 비판이다. 그리고 그와 관련된 대표 저작으로 『궁정인』이 거론되곤 한다.

하지만 달리 생각하면, 바로 그렇기에 카스틸리오네의 이 작품은 더욱 의미 있는 그 시대의 초상으로 읽혀야 하지 않을까? 여기에 제시된 궁정인의 이상과 규범은 군주의 손에 권력이 집중되면서 새로운 정치질서가 만들어지던 바로 그때, 궁정인 스스로 자신을 위해 만들어낸 행동윤리였기 때문이다.

의미심장하게도 카스틸리오네는 『궁정인』에서 능숙한 궁정인이라면 상황과 필요에 따라 "또 다른 사람"이 될 줄 알아야 한다고 조언한다. 겉으로 드러난 연기와 그것을 통해 감추어진 진실 사이의 허구 게임이 궁정의 모든 질서를 지배한다는 냉철한 현실감각의 소산이었다. 분명 르네상스기의 궁정 사회는 새로운 문화와 관행의 중심지였다.

또한 그곳은 여러 궁정인이 휴머니즘 특유의 데코룸을 무기 삼아 치열하게 자기를 검열하고 군주의 호의를 두고 경쟁하던 경합의 무대이기도 했다. 그리고 그 과정을 거치면서 세련된 예절을 강조하는 독특한 문화가 만들어졌다. 군주와 그에게 종속된 궁정인을 중심으로 형성된 사회에서 스프레차투라와 같이 권력으로 매개된 새로운 예절과 행위규범이 자라났던 것이다.

그러므로 거기에는 마키아벨리의 『군주론』과는 다른 차원의 현실주의적 세계관과 사회적 존재인 인간은 언제나 가변적인 존재라는 새로운 인간관이 숨어 있다. 게다가 그것들은 '이상주의'라는 외피 안에 몸을 숨긴 채,

이후 이른바 '문명화 과정Civilizing Process'의 길을 걷게 되는 북유럽 세계가 가장 손쉽게 받아들이게 될 내용도 담고 있다. 어쩌면 바로 그 점이야말로 16세기 이후 유럽의 교양인들에게 『궁정인』이 폭넓게 각광받은 이유였을 것이다.

한마디로 카스틸리오네는 고전적 덕의 이상이 정치 세계의 엄정한 현실 속에서 새롭게 변모하며 사회적 관계 속에서 살아가는 '연기자 같은 인간'이라는 관념을 빚어냈다. 길들여진 동의, 권력이 강제한 예절, 외부 시선을 의식한 통제적인 자기연출, 이것이 바로 카스틸리오네가 그려낸 궁정인의 모습이다. 예절과 에티켓을 강조하는 유럽의 문명화 과정은 그렇듯 권력에 대한 냉철한 인식에서 시작했고, 좋든 싫든 르네상스는 그렇게 새로운 시대를 준비하고 있었다.

누가 르네상스를
두려워하는가?

1495년의 어느 날 메디치 정권과 돈독한 관계를 유지하고 있던 피렌체의 정치인 루첼라이가 나폴리에 특사로 파견되었다. 루첼라이는 소위 피렌체의 나폴리 '통'이었던 듯하다. 이미 10여 년 전에도 메디치 정권을 위해 전권대사로 그곳에서 약 1년 남짓의 시간을 보낸 적이 있었기 때문이다. 여하튼 이번 경우 그를 분주하게 만든 것은 긴박한 정치적 현안을 매듭짓기 위해 로렌초가 맡긴 외교적 협상뿐만이 아니었다. 오히려 그는 폰타노를 중심으로 결성된 나폴리 지식인들의 모임에 매료되었고, 스스로도 그 모임에 참석해 그들과 여러 주제를 함께 논의하며 폭넓은 지적 교분을 쌓았다.

　나폴리 지식인들이 오랜 시간 일구어놓은 자유로운 모임의 기풍, 그리고 참석자들이 내놓은 수준 높은 지적 담론에 감화된 탓이었을까. 이후 피렌체로 돌아온 루첼라이는 '아카데미아 폰타니아나Accademia Pontaniana'로 불린 그 모임에 영감을 받아 자신의 빌라 정원에 여러 학자를 불러 모아 함께 글을 읽고 이런저런 지적 논의를 나누기 시작했다. 이것이 오늘날 '루첼라이 원회Orti Oricellari'로 불리는 피렌체 지식인들의 모임이 탄생한 계기다. 군주정 치하의 나폴리와 공화정을 유지하던 피렌체, 이 상반된 두 세계의 지식인들이 하나로 결합하는 흥미로운 장면이 아닐 수 없다.

　이 글을 시작하면서 이야기했듯이, 르네상스를 읽는다는 것은 때론 서툴고 또 간혹은 화합조차 할 수 없어 보이는 지적 투쟁기를 더듬더듬 헤아려보는 일과 별반 다르지 않다. 하지만 그런 경쟁 속에서도 르네상스기의 지성들은 하나의 공동체에 모일 수 있었다. 폰타노를 흠모한 피렌체의 귀족정주의자 루첼라이가 주도해서 만든 이 모임은 어쩌면 그 점을 웅변하는 가장 극적인 징표 가운데 하나일지 모른다. 약간의 시간이 흘러 루첼라이와 폰타노 모두 생을 마감한 이후의 일이지만, 피렌체

16세기 초 피렌체의 지식인들이 정기적인 모임을 통해 서로의 의견을 나누던 루첼라이 정원.

공화주의의 대표주자로 성장하는 마키아벨리와 귀차르디니가 바로 루첼라이가 터를 닦아놓은 그 모임에 참석해 자신의 생각을 편하게 드러내고 이를 동료들과 나누었기 때문이다.

그렇다면 오늘날의 우리와 마찬가지로 냉철한 현실주의자의 면모를 보여주는 마키아벨리의 시대를 앞서간 생각은 그 시대의 산물, 더 나아가 지적 투쟁을 거듭하면서도 하나의 공동체에 모여 서로 다른 이야기를 나눌 수 있었던 당대인들의 집단지성의 결과물이 아니었을까.

불안 속에서도 피어나는 꽃

르네상스 문화는 '앙스트블뤼테Angstblüte', 즉 불안 속에서 처연히 피어난 꽃이었다. 르네상스의 문이 열리기 시작한 14세기 중반부터 15세기 초에 이르기까지 이탈리아를 비롯한 유럽 전역에 불어 닥친 혼란이 바로 그 싹이 자라나던 묘판이었다. 흑사병이 창궐하면서 하릴없이 생사의 기로에 놓이게 된 인간 존재의 문제와 그 때문에 더욱 첨예해진 윤리적 고뇌, 교황권과 황제권이 대변하는 보편적 권력질서의 붕괴가 야기한 정치사회적 혼란 등이 당대인들에게는 문명 자체의 소멸을 의미하는 징후일지도 모른다는 위기의식으로 다가왔던 탓이다. 물론 15세기 중반의 콘스탄티노폴리스 함락은 그 불안한 마음에 기름을 붓는 것과 다름없었다. 그들이 공표했든 아니든, 르네상스인들의 다양한 지적 실험은 이러한 문명적 위기감 속에서 태어났다.

그런데 흥미롭게도 르네상스인들은 이 문명의 붕괴가 어떤 특정한 제도나 체제가 아니라 인간의 도덕적 타락에서 비롯한다고 진단했고, 그에 따라 윤리적 개선을 통해서만 자신들이 꿈꾸는 더 나은 삶을 이룰 수 있으리라고 믿었다. 르네상스의 아버지 페트라르카가 기계적

18세기 후반 이탈리아 루카에서
제작된 베르나르도 루첼라이의
초상화.

이고 추상적이며 또 사변적이고 공허할 뿐 결코 인간 삶
에 아무런 도움이 되지 못한다고 당대의 모든 가치를 배
격하면서 옛 고전의 시대로 눈을 돌린 것도 그 때문이다.
이후의 르네상스인들이 긍정적이든 부정적이든 또 약간
의 차이가 있음에도 큰 틀에서 보면 모두 이른바 고전주
의자가 될 수밖에 없었던 이유는 그와 같은 페트라르카
의 지적 세례 덕분이다.

하지만 고대의 모든 것을 흠모하면 할수록 그들은 형
용하기 어려운 모순에 빠지곤 하는 자신을 발견할 수밖
에 없었다. 고대에 대해 알게 되면 될수록, 옛 사람들과
자신들 사이의 차이가 더욱더 분명해졌던 탓이다. 포조
나 스칼라가 서툰 상대주의자나 역사주의자처럼 보이는

것도 그 때문이다. 그렇다면 시대착오라는 개념을 통해 과거를 분석한 근대적인 역사가의 표상 발라는 제쳐두더라도, 역사를 일관된 내러티브로 엮어내기 시작한 브루니부터 그를 계승한 마키아벨리, 그리고 그들과는 전혀 다른 정치적 맥락에서 군주의 삶을 있는 그대로 묘사한 밀라노의 데쳄브리오는 모두 그와 같은 맹아적 역사의식의 소유자였다고 해도 큰 무리는 아니다.

더욱이 이런 그들의 생각은 인간에 대한 성찰로 이어졌고, 또 교육이라는 세계로 그들을 이끌었다. 초기 르네상스 교육사상가 베르제리오가 인간의 덕성을 키워 사회를 개선하려 한 것이 대표적이다. 의미심장하게도 교육을 통해 인간을 도덕적으로 개선할 수 있다는 그들의 생각은 '태어나는 것이 아니라 만들어지는 존재'라는 가변적인 인간 관념에 그 뿌리를 두고 있었다.

그렇다면 마네티와 피코에게서 발견되는 인간 존엄 사상은 바로 그 뿌리가 튼튼하게 자라 화려하게 꽃을 피운 르네상스 인간학의 값진 결실이라고 할 수 있다. 자신들이 봉착한 문명적 위기를 극복하기 위해서는 다른 무엇보다 인간성의 회복이 급선무라고 한다면, 인간에 대한 성찰이야말로 그들에게는 피할 수 없는 중요한 사유의 주제가 될 수밖에 없었을 것이다. 지난 세기의 한 역사가의 지적처럼 르네상스기의 지성사가 새로운 의미의 '인간 철학'의 출현으로 해석될 수 있는 것도 바로 그 때문이다.

마찬가지의 이유에서 르네상스 지식인들의 도덕에 대한 관심은 정치 문제와 결코 분리될 수 없었다. 그들 대부분은 인간은 불완전한 존재이며, 인간의 본성 또한 고정된 것이 아니라고 믿었다. 이에 따라 그들은 인간을 공동체 속에서 살 수밖에 없는 사회적 동물로 간주했고, 따라서 공동체의 안위와 평화, 공공의 덕을 개인의 덕성만큼이나 중요하게 여겼다. 이것이 바로 그들이 고대 로마에서 그리스로, 그리스의 아테네에서 스파르타로, 심지어는 그 너머의 페르시아에 이르기까지 좋은 공동체의 모델을 찾아 헤맨 까닭이었다.

물론 우리가 살펴본 살루타티의 공화사상에서 브란돌리니의 공화국 비판, 폰타노의 군주의 위엄에 관한 논의에 이르기까지, 분명 그들의 고민과 해결책은 다양한 스펙트럼 위에서 부유했다. 하지만 모두 '공동체'의 가치에 주목했다는 점에서는 그들 사이에 큰 차이가 없어 보인다. '리퍼블릭republic'은 '공공의 것res publica'이라는 생각을 모두 공유했기 때문이다.

'인간으로서' 더 나은 삶이란

르네상스는 고대를 지향하고 그 사라진 세계에 시선을 고정시키면서도 새로운 시대로 발걸음을 내디딘 '역설의 문화운동'이었다. 혼돈 속에서 화려한 싹을 틔운 '앙스트블뤼테'였던 셈이다. 때론 난해하고 모순적이며, 때론 난삽하게 보이기까지 하는 르네상스인들의 지적 쟁투기가 오늘날 우리에게 여전히 큰 울림을 주는 것도 그때문일지 모른다. 마치 유행어처럼 문명의 위기라는 말을 입에 달고 살면서도, 오늘날 우리가 '인간으로서 우리는 과연 어떻게 살아야 하는가'라는 문제에 대해서는 애써 말문을 닫아버리곤 하기 때문이다. 비판 없는 글쓰기를 참지 못했던 발라부터 서로 다른 생각마저 함께 나눌수 있었던 루첼라이 정원의 공동체에 이르기까지, 르네상스인들은 더 나은 삶을 꿈꾸며 인간과 사회의 개선이라는 주제를 사유의 화두로 던졌다.

이것이 그들이 거인의 어깨 위에 올라탄 난쟁이가 될수 있었던 이유다. 그리고 그럼으로써 설령 고대의 거인들에게 기대고 있었지만 난쟁이 르네상스인들은 그들의어깨 위에서 그들보다 더 멀리, 더 많이 볼 수 있었다. 그렇다면 "누가 르네상스를 두려워하는가?" 지난 세기 후

니콜라스 푸생Nicolas Poussin이 1660년대 초반에 그린 〈다이아나와 오리온이 있는 풍경〉, 거인의 목에 올라탄 난쟁이의 모습.

반 신화의 세계 속에 박제되었다는 세간의 비판에 맞서 역사상의 르네상스를 다시 돌아볼 것을 권고하며 한 르네상스 학자가 던진 도전적인 질문이다. 그의 이 질문과 함께 이 글을 마치고자 한다. 부디 신화 속의 르네상스가 살아 숨 쉬는 역사 속의 르네상스로 다가갔기를, 인간의 본질을 이해하려 분투한 르네상스인들의 치열한 숨결이 느껴졌기를, 그리고 다른 무엇보다 오늘날 우리 사회를 성찰하는 계기가 되었기를 희망한다.

주요 등장인물

니콜로 니콜리

Niccolò Niccoli(ca.* 1365-1437)   * ca.: 대략, 무렵을 의미

15세기 초 피렌체를 대표한 휴머니스트다. 부유한 상인 가문 출신이었지만 세속 세계에 대한 관심을 멀리하고 오직 고전 학문에만 몰두하면서 르네상스 초기 고전주의 휴머니즘이 시대의 가치로 자리 잡는 데 큰 영향을 끼쳤다. 특히 고전 저 작의 발굴과 수집, 오용된 텍스트를 손질하는 데 탁월한 역 량을 발휘해 고전 학문의 '보호자'로 인정받았다. 온갖 고대 의 유물로 가득 찬 그의 집은 살아생전 피렌체의 지식인과 저명 인사들이 모이는 지적 회합의 공간으로 기능했다고 전 해지고 있으며, 사후 자신이 모은 모든 장서를 사회에 기증 해 고대 이후 서양 역사에서 공공도서관이 부활하는 계기를 마련했다.

니콜로 마키아벨리

Niccolò Machiavelli(1469-1527)

르네상스를 대표하는 피렌체의 정치가이자 정치이론가다. 넉넉하지 못한 법조인 가정에서 태어났지만 어릴 적부터 고 전을 섭렵하며 성장했고, 그런 고전 지식에 기초해 피렌체 정 계에 입문했다. 1500년 전후로 피렌체와 이탈리아에 불어 닥 친 정치적 소용돌이에 휘말려 여러 고초를 겪은 후 정치권력

자체의 작동방식과 정치공동체의 보존이라는 문제에 주목한 여러 작품을 내놓았다. 권력의 본질에 천착한 『군주론』, 공화주의 정신에 입각해 리비우스에게 주석을 단 『리비우스 논고』, 정치와 전쟁의 관계를 해명한 『전술론』 등이 대표적이다. 또한 로마의 역사에 영감을 받아 현실정치인의 관점에서 피렌체의 역사에 대해 논한 『피렌체사』를 저술해 르네상스기 이탈리아가 낳은 근대 역사가로 평가되기도 한다. 그 밖에 해학과 풍자가 담긴 『만드라골라』 같은 희극 작품과 전기물 『카스트루초 카스트라카니의 생애』를 남겼다.

단테 알리기에리
Dante Alighieri(1265-1321)

피렌체에서 출생한 이탈리아 최고의 시인 가운데 하나다. 젊은 시절에는 어릴 때부터 싹튼 베아트리체에 대한 사랑의 마음을 담은 『신생』을 펴내 인간의 감정을 솔직하게 노래한 바 있으며, 감미롭고 새로운 문체라는 뜻의 '청신체파'로 불리는 혁신적인 문학운동을 주도하기도 했다. 이후 현실정치 세계에 뛰어들어 피렌체의 행정과 외교, 군사 분야 등에서 주도적인 역할을 수행했으며, 1302년 피렌체를 혼란에 빠뜨린 정쟁에 휘말려 추방된 후 끝내 고향으로 돌아오지 못한 채 1321년 라벤나에서 삶을 마감했다. 이 망명 기간 동안 중세 세계관의 문학적 정수로 평가받는 『신곡』을 비롯해 중세 보편군주론을 대변하는 정치 논고 『제정론』, 그 밖에 『향연』 같은 작품들을 집필했다.

데시데리우스 에라스뮈스

Desiderius Erasmus(ca. 1466-1536)

네덜란드 로테르담에서 태어난 북유럽 최고의 휴머니스트
다. 이탈리아의 휴머니즘에 영향을 받아 이교적인 고전문학
과 초기 교부들의 가르침에 기초해 당대의 교회를 비판하면
서 종교개혁의 길을 열었다. 고전 라틴어 교육을 위해 고대의
경구에 언어학적·역사적 주해를 단 『격언집』, 그리스어 원전
에 기초해 『성경』을 교정하고 주해한 『교정 신약성서』, 기독
교 사상과 휴머니즘의 이상을 종합한 정치 논고 『기독교 군
주 교육』과 『평화의 호소』 등을 저술했다. 특히 잉글랜드의
휴머니스트 토머스 모어와 친교를 쌓았는데, 잉글랜드를 방
문해 그의 집에서 구상한 후 저술한 『치우신예찬』이 대표작
으로 꼽힌다.

레오나르도 브루니

Leonardo Bruni(ca. 1370-1444)

15세기 전반 이탈리아 최고의 휴머니스트이자 베스트셀러 작
가다. 토스카나 지방의 아레초에서 부유한 곡물상의 아들로
태어난 그는 법률가의 꿈을 품고 피렌체로 왔다. 하지만 살루
타티를 중심으로 피렌체에서 일어나고 있던 새로운 지적 열
기에 매료되어 고전주의 휴머니스트의 길로 들어섰다. 로마
교황청의 비서로 활동한 후 피렌체로 돌아와 죽을 때까지 피
렌체의 서기장으로 봉직했다. 여러 저작을 통해 시민의 공동
체에 대한 참여와 헌신을 강조하는 공화주의 이념을 표출해
오늘날 '시민적 휴머니즘'의 주창자로 평가되곤 한다. 『피렌

체 찬가』, 『대화집』 등의 수사적 논고, 『군사론』이나 『난니 스트로치를 위한 추도사』 등의 정치 논고, 『신키케로』와 『피렌체 시민사』 등의 역사 저작 등 다양한 분야에서 많은 저작을 남겼다.

레온 바티스타 알베르티
Leon Battista Alberti(1404-1472)

추방된 피렌체 가문의 서자로 1404년 제노바에서 태어났다. 흔히 르네상스 만능인의 전형으로 평가될 만큼 고전문학·미술·수학·건축·조형예술, 심지어 마장술 등 다양한 분야에서 전문적인 식견을 드러낸 말 그대로의 박식가였다. 르네상스기 중산층 시민의 세속적 세계관을 담은 『가족론』, 속어의 가치를 이론적으로 정립한 『토스카나어 문법』 등의 논고를 남겼다. 건축가로서 피렌체의 산타마리아 노벨라 교회, 만토바의 성 세바스티아노 교회 등의 설계에 참여했으며, 고대 건축가 비트루비우스의 이론에 기초한 건축이론인 『건축론』을 펴내기도 했다. 특히 고전고대의 부활이라는 휴머니즘의 이상을 조형예술의 원리에 접목해 원근법의 원리를 이론적으로 해명한 『회화론』의 저자로 널리 알려져 있다.

로렌초 데 메디치
Lorenzo de' Medici(1449-1492)

15세기 후반 피렌체의 외교관이자 정치가, 명실상부한 지배자로서 흔히 '대인il Magnifico'이라는 별칭으로 불리기도 한다. 코시모 데 메디치의 손자로서 1478년 '파치 음모'로 불리는 메디치 가문의 암살사건 이후 피렌체의 정권을 장악했다. 조부 코시모의 영향을 받아 피치노와 피코 델라 미란돌라 등의 지식인과 보티첼리나 미켈란젤로 같은 예술가들이 자유롭게 학문과 예술 활동을 할 수 있도록 지원했다. 또한 스스로 시인이기도 한 그는 플라톤적 관념에 기초한 여러 편의 시를 남기기도 했다. 그가 살아 있는 동안 이탈리아 국가들 사이에 평화가 이루어지고 피렌체의 문화가 절정에 이른 것으로 평가된다.

로렌초 발라
Lorenzo Valla(ca. 1406-1457)

로마에서 태어나 로마에서 사망한 15세기 전반 최고의 언어학자이자 휴머니스트 수사가다. 파비아에서 웅변술을 강의하고 나폴리와 로마 교황청에서 비서이자 서기관으로 일했다. 키케로와 퀸틸리아누스 등 고대 수사가들을 모범 삼아 중세 라틴어를 순화할 것을 주장하면서 올바른 라틴어의 용법에 관해 논한 『라틴어의 우아함에 관하여』는 고전주의에 입각한 새로운 르네상스 언어관을 대변하는 작품으로 평가받고 있으며, 『신약성서』를 주해해 에라스뮈스에게 영향을 미치기도 했다. 언어학적 방법을 통해 기존 학문이나 세계관을 비판하려 한 그의 대표작이 『위작 콘스탄티누스 기진장에 대한 연설』이다. 그 외에도 상식과 언어 관례에 기초해 중세 스콜라주의와 아리스토텔레스 철학을 비판한 『변증법론적 논쟁』, 『자유의지에 관한 대화』 등 여러 논쟁적인 논고와 서한을 남겼다.

마르실리오 피치노

Marsilio Ficino(1433-1499)

피렌체의 플라톤 아카데미아를 이끈 휴머니스트 철학자다. 코시모 데 메디치의 주치의였던 아버지 덕분에 일찍부터 메디치 가문과 연을 맺고 그들의 후원으로 학문에 매진할 수 있었다. 특히 코시모가 피렌체 근교의 카레지에 제공한 빌라에서 플라톤과 고대 신플라톤주의자들의 저작들을 번역하고 새롭게 해석하는 일에 매진하면서, 영혼의 불멸성과 유출설에 기초한 우주의 위계질서 같은 르네상스 신플라톤주의의 기본적인 관념들이 탄생하는 산파가 되었다. 대표작으로는 플라톤의 『향연』을 주해 형식으로 해설한 『사랑에 대하여』, 기독교 관념과 플라톤의 사상을 조화시켜 영혼의 본질에 대해 추적한 『플라톤 신학』 등을 남겼고, 3세기의 플로티누스를 비롯한 다양한 고대의 플라톤 관련 저작들을 번역했다.

바르톨로메오 스칼라

Bartolomeo Scala(1430-1497)

15세기 후반 피렌체의 휴머니스트 지식인이자 정치인이다. 피렌체 근교의 콜레 디 발 델사에서 태어난 그는 피렌체에서 법률과 고전 학문을 공부하고 메디치 가문의 피후견인이 되었다. 특히 코시모와 로렌초 데 메디치와 돈독한 관계를 맺으며 도시 최고의 정치인으로 성장하면서, 15세기 후반 피렌체 정치문화계의 핵심 인사가 되었다. 휴머니스트 저술가로서 『우화집』,『법과 법적 판단에 관하여』 같은 다양한 장르의 작품을 남겼으며, 역사서인 『피렌체사』를 쓰기도 했다. 특히 로렌초의 사망 이후 사보나롤라의 공화주의 정부를 옹호하기 위해 쓴 『피렌체를 폄훼하는 자들에 대한 반론』에서 근대적인 공화주의 이론을 제시하기도 했다.

발데사레 카스틸리오네

Baldessare Castiglione(1478-1529)

1478년 만토바 근교의 작은 마을 카사티코의 귀족 가문에서 태어나 일찍부터 휴머니즘 교육을 받은 이탈리아의 대표적인 궁정인이자 휴머니스트 저술가다. 일찍이 군인이자 외교관으로 명성을 날린 그는 우르비노·밀라노·만토바 등지에서 기품 있는 궁정인의 삶을 살았고, 인생 말년에는 교황의 전권대사로 스페인에서 활동하다 1529년 톨레도에서 유명을 달리했다. 특히 1504년부터 1516년까지 우르비노 궁정에서 군주의 신임을 받는 궁정인으로 일하며 문학 저술 등 다양한 지적 활동에 참여했는데, 이때의 경험을 바탕으로 상상의 대화집 『궁정인』을 집필했다. 이상적인 궁정인의 덕과 소양에 대해 기술한 이 작품은 유럽 전역에서 각광받는 그의 대표작이 되었고, 이후 절대왕정이 대두하면서 유럽 사회에서 예절과 에티켓에 기초한 새로운 궁정 문화가 자리 잡는 데 큰 영향을 끼쳤다.

베르나르도 루첼라이

Bernardo Rucellai(1448-1514)

15세기 후반 부유한 상인 가문에서 태어난 피렌체의 정치인

이자 휴머니스트다. 대인 로렌초 데 메디치와 돈독한 관계를
유지하면서 다양한 공직을 맡은 유력 정치인이었지만, 스스
로 여러 저작과 정치 서간을 쓰기도 했다. 그 가운데 1494년
에서 1495년 사이 프랑스 샤를 8세의 이탈리아 침공에 대해
쓴 『이탈리아 전쟁』은 연대기적으로 사건을 나열하기보다 권
력의 균형이라는 정치적 관점에 기초해 당대 사건을 탁월하
게 분석한 모범적인 역사서로 평가받는다. 특히 로렌초 사후
자신의 빌라 정원을 개방해 '루첼라이 원회'로 불리는 지식인
들의 모임을 만들어 문학과 고전 학문, 수사와 웅변, 정치 등
에 관해 당대 지식인들이 마음껏 토론하는 기회를 제공했다.

베스파시아노 다 비스티치

Vespasiano da Visticci(ca. 1421-1498)

15세기 피렌체를 대표하는 서적상이자 전기 작가다. 1421년
피렌체에서 양모업자의 아들로 태어났지만, 열 살 무렵 아버
지의 죽음 이후 가족을 부양하기 위해 가업을 계승하는 대신
도서 제작자의 공방에서 일하기 시작했다. 타의 추종을 불
허하는 책에 대한 사랑과 저자이자 고객으로 만난 지식인들
에게 배운 학식 덕분에 이후 '서적상의 왕'이라는 별칭을 얻
을 정도로 당대 최고의 도서 제작자이자 서적상으로 성장했
다. 특히 책을 매개로 당대의 유명한 지식인을 비롯해 정치·
종교계 인사들과 돈독한 관계를 쌓았는데, 그들에 관해 쓴
『열전』은 15세기 이탈리아의 유명 인사들에 대한 생생한 기
록으로 남아 있다.

아우렐리오 리포 브란돌리니

Aurelio Lippo Brandolini(ca. 1454-1497)

피렌체에서 태어났지만 경제적인 이유로 망명길에 올라야 했던 가족사 때문에 나폴리와 로마 등 남부 이탈리아에서 주로 활동한 휴머니스트 시인이자 정치이론가다. 수사학 교수로서 헝가리의 왕 마티아스 코르비누스의 궁정에서 잠시 체류하는 동안 착상한 『공화국과 군주국의 비교』를 통해 공화국과 군주국을 오늘날의 의미처럼 서로 다른 정치체제로 간주하고 그 차이를 분석한 거의 첫 사례를 남겼다. 이와 함께 『인간 삶의 조건에 관하여』라는 도덕 논고도 남겼는데, 마티아스에게 헌정한 이 작품에는 물적 요소와 정신적 요소가 조화롭게 결합된 완전한 존재라는 인간의 위상을 설파하고 있다. 마티아스 사후 고향 피렌체로 돌아와 아우구스티누스 수도회에 입회한 후 수도사로 삶을 마감했다.

안젤로 폴리치아노

Angelo Poliziano(1454-1494)

토스카나의 몬테풀치아노에서 태어나 피렌체에서 활동한 시인이자 휴머니스트다. 라틴어와 그리스어에 모두 능통했던 그는 피렌체의 대인 로렌초 데 메디치의 눈에 들어 그의 피후견인이자 친구가 되었고, 이와 관련해 1478년 발생한 '파치 음모', 즉 메디치 가문의 암살사건을 기록으로 남기기도 했다. 1470년대의 가장 선도적인 고전학자 가운데 하나로서 호메로스의 『일리아드』를 라틴어로 옮기고 그리스어와 라틴어로 쓴 다양한 시를 남겨 휴머니스트 시학의 모범적인 전형으로 평가받는다. 대표작으로는 그리스 신화를 소재로 한 『오르페우스 이야기』와 휴머니즘의 고전적 이상을 피렌체 속어와의 관련성 속에서 노래한 장편 미완성 시 『마상 시합』 등이 있다. 특히 보티첼리가 이 미완성 시에 영감을 받아 〈봄〉을 그린 것으로 알려져 있다.

에르몰라오 바르바로

Ermolao Barbaro(1454-1493)

베네치아의 명문 가문에서 태어난 외교관이자 정치인, 휴머니스트다. 마찬가지로 외교관으로서 이탈리아 곳곳을 다녔던 아버지 자카리아 바르바로 덕분에 어릴 적부터 베로나·로마·파도바 등지에서 교육받고, 파도바 대학의 철학교수로 일했다. 베네치아의 전통에 부합하듯 학자이자 공직자의 생활을 병행하면서 다양한 도시에서 외교관으로 일하기도 했다. 하지만 도시 당국과 갈등을 빚자 로마로 거처를 옮긴 후 그곳에서 삶을 마감했다. 당대 베네치아를 대표하는 학자로서 많은 고전 저작을 편집하고 번역했는데, 플리니우스의 『자연사』, 아리스토텔레스의 『수사학』과 『정치학』이 대표적이다.

잔노초 마네티

Giannozzo Manetti(1396-1459)

부유한 상인 가문에서 태어난 15세기 전반 피렌체의 대표적인 정치가이자 철학자, 역사가이자 웅변가다. 피렌체 공화국 시민의 공적 삶에 적극적으로 참여하는 동시에 당대의 지적 세계를 풍미하던 휴머니즘 학문에 매진해 당시까지 알려지지 않은 고전 라틴·그리스·헤브라이 저작들을 번역하기도 했다. 단테와 페트라르카, 보카치오에 대한 전기, 번역의 기술에 대해 논한 『번역가의 변론』, 이교 신앙에 맞서 기독교를 옹호한 『유대인과 이교도에 맞서』 등 다양한 작품을 저술했다. 『인간의 존엄성과 탁월함에 대하여』는 인간의 본성과 르네상스 휴머니즘의 새로운 세계관을 급진적으로 예찬한 그의 대표작으로 손꼽힌다.

조르조 바사리

Giorgio Vasari(1511-1574)

토스카나 지방의 아레초에서 태어난 미술가이자 미술사가다. 열여섯 살에 피렌체로 이주해 미켈란젤로를 비롯한 화가들에게 그림을 배웠고, 이후 메디치 가문의 후원을 받으며 회화·조각·건축 등의 분야에 종사하면서 메디치 가문의 영광을 드러내기 위해 우피치 미술관을 설계하는 일에 참여하기도 했다. 오늘날에는 예술가라기보다 미술가들의 전기를 쓴 작가로 더욱 유명한데, 특히 13세기의 치마부에부터 자기 시대의 미켈란젤로에 이르기까지 대략 200여 명의 미술가들에 대한 『미술가 열전』을 저술해 후대 미술사적 저서들의 토대를 마련했다. '미술사의 아버지'라는 명성을 안겨준 이 작품에서 중세에 사라진 고전 예술의 이상이 15세기 이탈리아에서 다시 부활했다는 르네상스 본연의 관념을 표출했다.

조반니 보카치오

Giovanni Boccaccio(1313-1375)

1313년 피렌체 근교의 체르탈도에서 부유한 상인 가문의 서자로 태어났다. 가업을 이어받기 위해 나폴리 등지에서 상인으로 활동했지만, 당시 이탈리아를 휘감고 있던 새로운 문화적 열기에 감화되어 이내 고전 문학과 휴머니즘의 세계에 빠져들었고, 일약 피렌체 문화계의 총아로 떠올랐다. 오늘날에는 단테의 『신곡』에 비교되어 종종 '인곡'으로 회자되는 『데카메론』의 저자로만 주로 알려져 있지만 『피암메타』, 『코르바초』 등 노벨라로 불리는 새로운 문학 장르의 저작들과 『이교 신들의 계보』와 같은 여러 도덕 논고를 쓴 다산적인 저술가로서 14세기 피렌체의 지적·문화적 세계를 이끈 지도적 인사였다.

조반니 폰타노

Giovanni Pontano(1426-1503)

르네상스기 이탈리아 남부 지역이 배출한 최고의 지식인 가운데 하나로 나폴리에서 주로 활동한 휴머니스트 시인이자 정치가다. 움브리아 지방 스폴레토 출신으로 나폴리로 가서 아라곤 궁정의 최고 비서관이자 교육가로 활동했다. 나폴리 최고 시인이자 도덕철학자로 다양한 작품을 저술하는 한편 그곳 지식인들의 모임인 '아카데미아 폰타니아나'를 결성하고 이끌었다. 로마 시인 카툴루스를 모델 삼아 지은 라틴 시집 『바이아이아』, 다양한 언술 행위의 의미를 아리스토텔레스 철학의 관점에서 논한 『연설의 선덕과 악덕』, 나폴리의 군주를 위한 지침서로 쓴 도덕 논고 『군주론』 등 다양한 작품을 남겼다.

조반니 피코 델라 미란돌라

Giovanni Pico della Mirandola(1463-1494)

북이탈리아의 작은 공국 미란돌라의 귀족 가문에서 태어난 철학자이자 휴머니스트다. 아주 이른 나이부터 휴머니즘 교육을 받았고, 10대 초반 볼로냐 대학교에서 법학을 공부하고 이후 페라라와 파도바에서 아리스토텔레스 철학을 배우면서 신동으로 불리기 시작했다. 특히 파리 대학교에서 신학을 공부하면서 히브리어와 신비철학에 관심을 갖게 되었고, 이에 기초해 『900 논제』를 저술함으로써 과거부터 전해온 신비철학과 기독교 신학을 조화시키려고 시도했다. 오늘날에는 이런 자신의 생각을 변호하기 위해 쓴 『인간 존엄성에 관한 연설』 덕분에 르네상스 인간학의 기초를 다진 인물로 평가받는다. 그 밖에도 『존재와 일자』, 『일곱 형상론』 등을 저술했다.

지롤라모 사보나롤라

Girolamo Savonarola(1452-1498)

도미니코 수도회 소속의 수도사이자 설교가다. 페라라의 명문 가문에서 태어나 일찍부터 고전학과 철학을 공부했다. 1475년 도미니코 수도회에 들어간 후 1482년 피렌체의 산마르코 교회에 파견되어 높은 학식과 금욕적인 생활로 명성을 얻기 시작했다. 이후 이탈리아의 여러 곳을 돌아다니면서 당대 교회와 세속 사회의 타락을 비판했으며, 1492년 피렌체로 돌아온 후 1494년 프랑스의 이탈리아 침공을 예언하면서 대중의 신망을 얻고 급진적인 공화주의 정부를 세웠다. 하지만 교회에 대한 과격한 공격과 엄격한 도덕률에 지친 민심의 이반으로 1498년 유죄선고를 받고 화형당했다.

코시모 데 메디치

Cosimo de' Medici(1389-1464)

이탈리아의 금융업자이자 상인, 정치가다. 1434년 라이벌 정파인 피렌체의 유서 깊은 명문가 알비치 가문과 벌인 투쟁에서 승리를 거두며 피렌체의 실권을 장악했고, 이후 메디치 가문이 피렌체의 실질적인 지배자가 되는 기초를 닦았다. 어릴 적부터 휴머니즘 문화에 공감한 그는 브루니나 포조, 니콜리 등 당대 피렌체 최고의 지식인들과 교류했으며, 피치노를 후원해 르네상스기에 플라톤 철학이 부활하는 데 큰 영향을 끼쳤다. 조형예술에 대한 조예도 깊어 도나텔로와 브루넬레스키 등 15세기 초반의 예술가들을 후원하기도 했다. 르네상스의 본고장인 피렌체의 기틀을 세웠다는 점에서 당대부터 오늘날에 이르기까지 피렌체의 '국부'로 불린다.

콜루초 살루타티

Coluccio Salutati(1331-1406)

페트라르카와 보카치오 이후 세대인 14세기 후반, 이탈리아 지성계를 이끈 휴머니스트 지식인이자 정치인이다. 피렌체 근교의 작은 마을 스티냐노에서 태어난 그는 볼로냐에서 교육받고 1374년 피렌체에서 공직생활을 시작했다. 이후 30여 년이라는 오랜 기간 동안 피렌체 서기국의 수장으로 일하면서 그 꽃의 도시가 휴머니즘 운동의 중심지로 성장하도록 기여했다. 특히 페트라르카에 감화되어 고전 학문의 부활과 고전적 삶의 모델에 심취한 그는 이탈리아 전역에서 여러 제자를 불러 모아 그들을 휴머니스트 지식인으로 교육했다. 대표작으로는 종교와 인간 윤리의 문제를 다룬 『섭리와 운명』, 『세속과 종교에 관하여』, 『헤라클레스의 고난』 등의 도덕 논고와 『전제정론』 등의 정치 저작이 있다.

크리스토포로 란디노

Cristoforo Landino(1424-1498)

피렌체에서 태어나 피치노가 주도한 플라톤 아카데미에서 활동한 휴머니스트이자 시인, 언어학자다. 법률가가 되기를 바란 아버지의 뜻에 반해 휴머니스트 학자의 길로 들어섰다. 메디치 가문과 맺은 돈독한 관계 덕분에 피렌체 대학교에서 약 40년 동안 수사학과 시학을 강의하며 도시의 유력 인사들과 지식인의 자제들을 교육하는 일에 종사하기도 했는데, 특히 로렌초 데 메디치와 그의 동생 줄리아노의 개인 교사로 활동하면서 피렌체 문화계의 핵심인사로 입지를 다졌다. 휴머니스트 저술가로서 『진정한 귀족성』, 『영혼에 대하여』 등의 도덕철학적 논고를 집필해 활동적·정치적 삶과 명상적·관조적 삶이라는 지식인의 이상적 삶을 비교했으며, 특히 단테의 『신곡』과 베르길리우스의 『아에네아스』를 주해해 많은 각광을 받았다. 이탈리아어와 문학의 옹호론자로서 페트라르카를 강의하고 대大플리니우스의 저작을 번역하기도 했다.

팔라 스트로치

Palla Strozzi(1372-1462)

15세기 초의 금융업자이자 정치인으로 피렌체의 유서 깊은 상인 가문에서 태어났다. 휴머니즘에 조예가 깊은 학자로서 살루타티와 브루니 등 당대의 지식인들과 함께 공부하기도 했다. 1427년 기록에 따르면, 당시 피렌체에서 가장 부유했던 그는 피렌체의 전통적인 과두세력을 이끈 정치 지도자였다. 하지만 1434년 코시모 데 메디치의 집권으로 피렌체에서 추방된 후 파도바에서 삶을 마감했다. 휴머니스트 학자로서 프톨레마이오스와 아리스토텔레스 등의 그리스 문헌들을 구입하고 스스로 번역하기도 했으며, 프라 안젤리코와 젠틸레 다 파브리아노 같은 미술가들을 후원했다.

포조 브라치올리니

Poggio Bracciolini(1380-1459)

토스카나의 작은 마을 테라누오바에서 태어나 15세기 전반 로마와 피렌체 등지에서 활동한 휴머니스트다. 일찍이 고문 lettera antica의 필사자로 활동하다 돋보이는 손글씨 실력 덕분에 살루타티의 눈에 들어 고전학자의 길로 들어섰다. 특히 유럽 전역에 흩어져 있던 여러 고전 문헌을 발굴해 초기 르네상스 최고의 '책 사냥꾼'이라는 명성을 얻었다. 『귀족론』,

『탐욕론』 등의 도덕 논고에서 보카치오의 『데카메론』을 연상시키는 일종의 재담집 『파케티아이』, 역사서 『피렌체 시민사』 등에 이르는 다양한 영역과 주제의 작품을 남긴 저술가였다. 또한 피렐포, 발라, 과리노 등 당대의 여러 휴머니스트들과 논쟁을 벌인 독설가로도 유명했다. 오랜 기간 교황청 서기국의 비서로 일한 후 1453년 피렌체로 돌아와 도시의 서기장으로 활동하기도 했다.

프란체스코 귀차르디니

Francesco Guicciardini(1483-1540)

피렌체의 저명한 귀족 가문에서 태어난 이탈리아의 정치가이자 사상가, 역사가다. 일찍부터 휴머니즘에 기초한 고전 교육을 받고, 20대 후반 피렌체 정계에 입문해 외교관이자 정치가로 요직을 두루 경험했으며, 특유의 현실주의적인 감각으로 사업 수완에도 남달라 큰 부를 축적하기도 했다. 마키아벨리의 사상적 동료이자 비평가로서 자신의 경험에 기초해 피렌체의 정체를 분석한 여러 정치 논고를 쓰기도 했고, 현실주의자의 관점에서 세상을 살아가는 데 인간에게 필요한 지혜와 처세술을 담은 일종의 경구모음집인 『회고록』을 집필했다. 자기 시대의 피렌체와 이탈리아의 역사를 탁월하게 분석한 『이탈리아사』와 『피렌체사』를 저술해 르네상스기를 대표하는 근대적 역사가로 평가받는다. 특히 『이탈리아사』에서는 자신의 논점을 뒷받침하기 위해 정부의 공문서를 이용하는 등 당시로서는 흔치 않은 새로운 사료접근법을 역사서술에 도입한 것으로 유명하다.

프란체스코 페트라르카

Francesco Petrarca(1304-1374)

망명한 피렌체 가문 출신으로 토스카나의 아레초에서 태어
난 시인이자 휴머니스트다. 아버지의 권유로 법학을 공부하
기 시작했으나 곧 인문학에 매료되어 휴머니스트의 길을 걷
게 되었다. 중세를 인간의 창조적 정신이 퇴락한 암흑시대로
규정하면서 고대의 부활이라는 르네상스 혹은 르네상스 휴머
니즘 개념을 정립한 첫 인물로 알려져 있다. 고대 로마를 예찬
한 라틴 서사시 『아프리카누스』, 새로운 세속적 세계관과 전
통적인 기독교적 윤리 사이의 내면적 갈등을 고백한 『영혼의
갈등』 등을 저술했다. 키케로의 영향을 받아 유럽의 지성인들
사이에서 편지를 통해 자신의 생각을 전하는 이른바 '서간 열
풍'을 불러일으키기도 했다. 특히 솔직한 인간적 감성과 서정
적인 내용을 담아낸 서정시집 『칸초니에레』를 출판해 고대
로마 전통에 입각한 계관시인의 명예를 얻었는데, 여기에 나
타난 감미로운 시풍은 이후 서유럽 시인들의 규범이 되었다.

프란체스코 피렐포

Francesco Filelfo(1398-1481)

앙코나 근교의 톨렌티노에서 태어난 휴머니스트로 일찍이
10대 후반에 파도바 대학교의 웅변교수로 임용될 만큼 뛰어
난 학식을 자랑했고, 그 덕분에 베네치아와 비첸차 등 북이탈
리아의 여러 도시에서 학문 활동을 전개했다. 특히 20대 초반
베네치아 정부의 외교관으로 콘스탄티노폴리스로 파견된 덕
에 그리스어와 그리스 학문의 권위자로 성장했다. 당대를 대

표하는 그리스 전문가로서 아리스토텔레스와 플루타르코스, 크세노폰의 여러 저작을 라틴어로 옮겼고, 당대의 주요 인물들을 등장시켜 해학과 풍자로 그들에 대해 노래한 시집 『풍자』, 밀라노의 전제군주 프란체스코 스포르차의 공적을 담은 미완성 서사시 『스포르티아드』 등을 썼다.

플라비오 비온도

Flavio Biondo(1392-1463)

이탈리아 남부의 포를리에서 태어나 로마에서 주로 활동한 휴머니스트이자 역사가다. 특히 고전고대의 유물과 유적을 문헌기록과 비교·검토하면서 로마 세계를 복원하는 데 관심을 가진 르네상스 고고학의 선구자로 평가된다. 언필칭 로마 전문가이자 애호가로서 『재건된 로마』와 『승리의 로마』를 저술했으며, 역사가 본연의 시각에서 로마 제국 멸망 이후부터 당대에 이르기까지 이탈리아의 변화상을 추적한 『로마 제국 쇠퇴 이후의 역사』와 『재현된 이탈리아』 같은 작품들을 남겼다. 특히 이런 저작들을 통해 찬란했던 로마와 그것이 부활한 자신의 시대 사이에 가로놓인 중간 시대, 즉 '중세'라는 개념이 자리 잡는 데 기여함으로써, 최초의 '중세사가'라는 평가를 받기도 한다.

피에르 칸디도 데쳄브리오

Pier Candido Decembrio(ca. 1392-1477)

15세기 전반 밀라노를 대표하는 휴머니스트다. 약 30년의 기간을 밀라노의 공작 필리포 마리아 비스콘티의 궁정에서 공작의 최고 비서관으로 일했고, 필리포가 사망하자 권력의 핵심에서 밀려나 교황청, 나폴리, 페라라 등지를 전전했다. 이탈리아를 넘어 잉글랜드와 스페인 등지까지 유명세를 떨친 당대 최고의 고전학자 가운데 하나로 플라톤과 베르길리우스 등이 남긴 고전 저작들의 번역부터 자신이 직접 쓴 논고에 이르기까지 대략 127권의 저작을 남긴 다산적인 저술가였다. 대표작으로는 자신이 섬기던 『필리포 마리아 비스콘티 전기』와 플라톤의 『국가』에 대한 번역이 있다. 밀라노 궁정 특유의 문화적 분위기 속에서 당대 다른 지역의 일반적인 휴머니스트들과 달리 상당한 양의 작품을 속어로 저술하기도 했다.

피에르 파올로 베르제리오

Pier Paolo Vegerio(1370-ca.1444)

오늘날 슬로베니아의 코퍼, 당대에는 베네치아에 속해 있던 카포 디스트리아에서 태어나 1444년 부다페스트에서 사망한 초기 이탈리아의 휴머니스트이자 교육사상가다. 일찍이 파도바·피렌체·볼로냐에서 수학했고 이후 파도바와 피렌체에서 논리학과 수사학을 가르쳤다. 교황청의 비서로 봉직한 후, 신성로마제국 황제 시기스문드의 궁정으로 자리를 옮기면서 이탈리아 휴머니즘이 중부와 동부 유럽으로 확산하는 데 기여했다. 1390년대 중반에 쓴 것으로 추정되는 그의 대표작 『도덕적 품성과 청소년을 위한 교양 교육』은 고전 문헌에 기초한 휴머니스트들의 교육이상을 최초로 정리한 결정판으로 평가된다.

르네상스기 연표

이탈리아의 상황과 이 책의 주인공들

1300~1600

유럽의 상황

르네상스기 연표　　**313**

이탈리아의 상황과 이 책의 주인공들

1435   알베르티, 라틴어본 『회화론』 출간

1440   발라, 『위작 콘스탄티누스 기진장에 대한 연설』 집필

ca. 1440   피렐포, 『추방론』 집필

1442   스페인의 아라곤 왕가, 나폴리 왕권 획득

ca. 1447   데쳄브리오, 『필리포 마리아 비스콘티 전기』 집필

1450   ————————————————————————

ca. 1452   마네티, 『인간의 존엄성과 탁월함에 대하여』 집필

1453   ————————————————————————

1454   로디 화약, 이탈리아 세력 균형

1455   ————————————————————————

1459   비온도, 만토바 공의회 참석

ca. 1462   피렌체에 플라톤 아카데미 설립

ca. 1468   폰타노, 『군주론』 집필

1469   로렌초 데 메디치, 피렌체 통치 시작

1474   피치노, 『플라톤 신학』 출간

1478   '파치 음모' 발발

1479   ————————————————————————

ca. 1480   보티첼리, 〈봄〉 제작

1484   ————————————————————————

이탈리아의 상황과 이 책의 주인공들

유럽의 상황

이탈리아의 상황과 이 책의 주인공들

유럽의 상황

도판 출처

위키미디어 코먼스 Wikimedia Commons: 17, 18, 28, 35, 42, 44, 47, 50, 53, 57, 64~65, 69, 73, 80, 84, 90, 100, 104, 116, 117, 119, 126, 133, 137, 146, 149, 157, 161, 165, 173, 178, 180, 187, 189, 193, 197, 201, 202, 206, 222, 225, 231, 235, 242, 252, 255, 257, 260, 263, 267, 272, 277, 279, 285, 287쪽.

웹 갤러리 오브 아트 Web Gallery of Arts: 21, 167, 168, 216, 218, 271, 291쪽.

픽사베이Pixabay: 24쪽.

위키피디어Wikipedia: 31쪽.

게티이미지gettyimages: 39쪽.

인터넷 스튜디오 아티펙스 Artifex: 93쪽.

인터넷 아카이브: 97, 183, 210쪽.

카포 디스트리아 시 홈페이지: 109쪽.

피크릴Picryl: 139, 145, 229쪽.

룩 앤드 런 Look & Run: 152쪽.

로트-아트LOT-ART: 246쪽.